마사이 전사 레마솔라이

마사이 전사
레마솔라이

조지프 레마솔라이 레쿠톤 | 이혜경 옮김

황소자리

마사이 전사
레마솔라이

1 사자 사냥 | 9

2 용맹성 | 21

3 소 | 29

4 집게 아저씨 | 41

5 학교 | 53

6 목동 | 69

7 성년식 | 77

8 카바라크 고등학교 | 87

9 축구 | 97

10 미국 | 105

11 두 세계 속의 전사 | 119

후기 | 125

이 책을 어머니 느카시코에게 바친다.

글을 읽고 쓸 줄은 모르지만

어머니는 내게 값을 매길 수 없는 교육을 하셨다.

그리고 미국에서 만난 어머니들 비아와 리키, 재키, 앤, 베티,

캐슬린에게도 바친다. 그분들은 우리 어머니의 인생철학을 반영하고

깊이를 더해주셨다. 그리고 나와 비슷한 사연을 가진

모든 유목민 남자, 여자아이들에게 바친다.

내 이야기는 그들의 이야기이기도 하다.

나는 다만 내 이야기를 들려줄 기회를 얻었을 뿐이다.

Chapter 1

사자 사냥

다정한 어머니
저를 아가라고 부르지 마세요.
성인식을 치르던 날부터 이미 전 아기가 아니었어요.

지금부터 여러분에게 사자에 관한 이야기를 들려주려고 한다.

케냐 북부에 있는 우리 마을 사람들은 사자를 용맹과 자부심의 상징으로 여긴다. 사자는 영물로 취급되기 때문에 사자를 죽이면 존경을 받는다. 다른 전사들이 그 업적을 칭송하는 노래까지 지어줄 정도다. 그래서 모든 전사들에게는 사자를 죽이는 것이 꿈이다. 나는 자라면서 수많은 야생 동물과 교류할 기회가 있었다. 코끼리, 하마, 아프리카 물소, 하이에나 등등. 하지만 지금 들려주려는 사건이 일어나기 전까지 난 사자를 내 눈으로 직접 본 적이 한 번도 없었다. 당시 나는 열네 살이었다.

그 전에는 젊은 전사들이 "우와, 근데 말이야! 어제 우리가 사자를 쫓아 가는데……." 라고 허풍을 떨면 나는 늘 "그래서 뭘 어쨌다고?"라며 받 아넘겼다. 사자가 뭐 그리 대단하다고. 한낱 짐승일 뿐인데. 코끼리나 하마의 공격도 방어하는데 사자라고 못할 게 뭐냐고 생각했다.

방학이 되어 집에 막 돌아왔을 때였다. 12월이라 비가 충분히 내렸 다. 세상이 온통 아름다운 초록빛을 띠고 있었다. 소젖도 아주 많이 나 왔다. 그런데 진드기가 극성을 부리는 통에 마을 사람들이 소 떼를 몰고 저지대로 내려갔다. 그곳은 고지대보다 건조했지만 풀이 아주 무성했 고 군데군데 바위도 있었다. 진드기가 없어서 가축의 건강 문제를 염려 하지 않아도 되었다. 그런데 저지대에는 사나운 사자가 나타난다는 말 이 있었다. 놈들은 그곳이 마치 자기들 땅인 양 자유자재로 돌아다닌다 고 했다.

나는 마을에서 어머니와 함께 이틀을 보냈다. 그때 느골리옹 형이 머 리를 땋으러 집으로 올라왔다. 형은 어른을 따라서 가축 떼가 있는 야영 장으로 함께 가자고 했다. 가축 야영장은 가는 길에 따라 18에서 24마 일 정도 되는 거리에 있었다. 도중에 자갈밭과 관목 숲이 우거진 곳을 지나가야 했다. 내 창이 부러져 있길래 나는 창은 집에 두고 작은 막대 기와 몽둥이만 들고 갔다. 낭가도 걸쳤다. 낭가는 허리에 두르는 붉은

색 천이다.

야영장까지 가는 데는 하루 종일이 걸렸다. 해질 무렵이 되어서야 우리는 가축 야영장의 아카시아 울타리를 통과했다. 반경 5마일 이내에 다른 야영장이 여러 곳 있었다. 밤이면 멀리서 불빛이 깜박거리며 우리만 그곳에 있는 것이 아니라는 사실을 확인시켜주었다. 야영장에 도착하자마자 르마타리온 형이 사자 두 마리가 야영장들을 습격했다는 얘기를 들려주었다. 사자들은 머리가 좋았다. 놈들은 늑대처럼 어딜 가든 망을 봐가면서 약탈을 한다. 그리고 같은 장소에는 절대 두 번 다시 나타나지 않는다.

그날은 운이 나빴다. 저녁이 되어 풀을 뜯으러 나갔던 소 떼가 야영장으로 돌아왔고 소젖도 굉장히 많이 나왔다. 우유를 배불리 먹은 우리는 모닥불 주위에 둘러앉아 노래를 불렀다. 여자 친구에 대한 노래, 용맹성에 관한 노래였다. 서로 돌아가면서 이야기도 했다. 나는 내가 다니는 학교에 대한 이야기를 들려주었다. 사람들은 언제나 학교에 대해 호기심이 많았고 궁금해했다. 야영장에는 모두 네 가족이 있었는데 나이 든 전사들은 대부분 여자 친구를 만나거나 머리를 땋기 위해 마을로 올라가고 없었다. 사자와 싸울 수 있는 경험 많은 전사는 세 명뿐이었다. 그밖에는 나와 함께 내려왔던 어른과 나보다 어린 아이들이었다.

우리는 밤 11시 30분인가 12시쯤 잠자리에 들었다. 별이 쏟아지는 야영장의 하늘을 지붕 삼아 바깥에서 잤다. 침대도 없고 맨 땅에 소가죽을 깔아놓은 게 전부였다. 사막 지대는 밤이 되면 추워진다. 나는 낮에 걸치고 왔던 낭가를 이불 삼아 덮었다. 천 조각에 불과한 낭가는 내 몸을 간신히 가릴 정도였다. 나는 이리저리 계속 잡아 당겨가며 몸 전체를 덮어보려고 했지만 그것은 늘어나지 않았다. 하는 수 없이 그 밑에 몸을 웅크리고 들어가 추위를 피했다.

사방이 고요했다. 하늘은 맑고 구름 한 점 없었다. 모닥불도 어느새 꺼졌다. 하늘에 별들이 수백만 개의 다이아몬드처럼 박혀 있었다. 나는 피곤했지만 제일 늦게 잠이 들었다. 다음날 아침 소 떼를 몰고 나갈 생각에 흥분했던 것 같다.

한밤중에 요란한 소리가 들려 나는 잠에서 깨어났다. 빗소리 같았지만 비는 아니었다. 하늘을 올려다보았다. 별빛은 사라지고 구름이 잔뜩 끼어 있었다. 부슬비가 내리고 있었지만 그 소리는 분명 아니었다. 세상에! 소 떼가 한꺼번에 오줌을 싸는 소리였다. 사방에서 모든 소들이 오줌을 싸대고 있었다. 그것은 사자가 나타났다는 신호였다. 하이에나는 그렇게 하지 못한다. 코끼리도 아니다. 사람이 나타났다고 그럴 리도 없다. 사자밖에 없었다. 곧 사자가 공격해올 것이다.

다른 전사들이 큰 소리로 고함을 치기 시작했다. 나도 벌떡 일어났다. 하지만 신발을 찾을 수가 없었다. 잠자리에 들기 전에 벗어놓았는데. 주위는 칠흑같이 깜깜했다. 전사들은 위험이 닥칠 경우에 대비해서 잠을 잘 때 신발은 손에 들고 창은 바로 곁에 둔 채 잔다는데 나는 신발조차 못 찾아 허둥댔다. 게다가 창도 없었으니. 그때 사자가 '우우!' 하며 딱 한 번 울부짖었다. 굉장한 포효였다. 우리는 소리가 나는 곳으로 달려갔다. 바로 그 순간 소 한 마리가 끽끽대며 목 쉰 소리를 냈다. 사자가 목을 물었던 것이다.

소 떼는 온 사방으로 흩어지기 시작했다. 저희들끼리 서로 부딪히고 우리한테도 와서 부딪혔다. 여기저기서 아우성치는 소리가 들렸다. 사람들의 고함 소리. 소들이 달아나는 소리. 하지만 우리 눈에는 아직 아무것도 보이지 않았다. 형은 바로 옆에서 사자 소리가 난다며 창을 던졌지만 놓치고 말았다. 다행히 그 창은 우리도 피해갔다. 마침내 우리는 어둠에 익숙해졌다. 하지만 사자와 소를 분간하기는 여전히 어려웠다. 소가 죽임을 당했을 때 가장 먼저 달려온 사람은 형이었다.

우리가 알아낸 바는 이랬다. 사자 두 마리가 야영장을 공격했다. 아주 영리한 놈들이었다. 놈들은 서로 갈라져서 한 놈은 우리가 잠들어 있던 야영장의 남쪽 끝으로, 다른 한 놈은 북쪽 끝으로 갔다. 바람은 남에서 북으로 불고 있었다. 소 떼는 남쪽 끝에서 나는 사자의 냄새를 맡고 북쪽으로 몰려갔다. 그런데 거기서 다른 한 놈이 소 떼를 기다리고 있었던 거다.

"형, 어떻게 된 거야?"

내가 물었다.

"사자가 느고네야를 죽였어."

느고네야는 어머니가 가장 아끼는 소였다. 느고네야는 거기 있는 소들 가운데서 가장 혈통이 좋았다. 어머니는 어떤 소들보다 젖을 많이 내는 느고네야를 의지하고 진심으로 사랑했다. 어머니는 밤에도 일어나서 느고네야를 툭툭 두드려 주곤 했는데…….

"이 망할 놈의 사자 새끼. 내 눈앞에 나타나기만 해봐라. 내가 누군지 본때를 보여줄 테다."

나는 너무 화가 나서 이를 악물며 말했다.

우리가 얘기를 나누고 있던 바로 그때 야영장의 다른 쪽에서 두 번째 희생물의 외마디 소리가 들렸다. 우리는 다시 그쪽으로 달려갔다. 거의 다 갔을 때 내가 모두에게 멈추라고 했다. 학교에서 배운 게 생각난 것이다. 나는 형에게 소리쳤다.

"그놈이 소들을 전부 죽이겠어! 우리가 계속 추격하면 그놈은 점점 더 많은 소들을 죽일 거야. 지금 죽인 것을 먹게 내버려두고 내일 아침에 잡으러 나가면 되잖아."

"그게 좋겠다."

형은 내 말에 동의했다. 나는 생전 처음 내가 전사들과 어깨를 나란히 하는 형제가 된 기분이었다. 내가 내린 결정이 그렇게 자랑스러울 수가 없었다!

깜깜한 진흙탕 속에서 우리가 서 있는 곳이 어딘지 분간할 수가 없었다. 그때 우리 소들은 몇 마일이나 떨어진 곳에 있었다. 소 떼가 온 사방을 짓밟고 다녔기 때문에 우리도 어찌할 도리가 없었다. 우리는 다시 야영장으로 돌아와서 모닥불을 크게 지폈다. 나는 신발이 있나 둘러보았다. 있었다. 모닥불 아래서 살펴보니 소들이 와서 부딪치는 바람에 온몸에 멍이 들었고 다리는 아카시아 가시에 긁혀서 피가 줄줄 흘렀다. 어디 한 군데 성한 곳이 없었다.

우리는 다음날 사자를 어떻게 잡을 것인지 의견을 나누기 시작했다. 형이 내 걱정을 하는 눈치였다. 나를 위험에서 빼내고 싶었던 거다.

"근데 말이야. 너는 행동이 재빠르니까 빨리 달릴 수 있을 거야. 그러니까 다른 야영장 사람들에게 달려가서 우릴 도와달라고 해. 여기는 전사가 세 명밖에 없고 나머지는 어린애들뿐이라고."

"싫어! 형, 지금 농담하는 거야? 나도 전사야. 나도 형만큼 용감하다고. 난 아무 데도 안 갈 거야."

그때만 해도 나는 사자를 실제로 본 적이 한 번도 없었기 때문에 뒤처지는 것을 완강히 거부했다.

형이 다시 한 번 말했다.

"다시 말하는데, 어서 가. 가서 도움을 청하란 말이야. 다른 야영장의 전사들에게 가서 사자 두 마리가 나타나 사람들을 위협하고 있으니까 오늘 그놈들을 죽여야 된다고 전하라구."

"아냐. 난 안 갈 거야."

나는 완강히 버텼다.

"좋아."

형은 결국 그중에서 가장 어린 여덟 살 난 아이를 보냈다.

날이 밝았다. 나는 도움을 청하러 간 어린애의 창을 들고 다른 사람들과 함께 야영장을 나왔다. 채 200야드도 안 갔을 때 그 사자 두 놈이 보였다. 한 놈은 죽은 소에 머리를 박은 채 내장을 파먹고 있었고 다른 한 놈은 그 옆에 누워 있었다. 누워 있던 놈은 암컷이었는데 배가 불룩했다. 우리는 사자에게 다가서면서 사자 노래를 불렀다.

"우리는 사자를 잡으러 간다. 오늘은 굉장한 날이 될 거야. 전사들은 모두 기뻐할 것이고 우리는 소 떼를 지킬 것이다."

가까이 다가가는 동안 함께 갔던 어른이 계속 조심하라고 일러주었다. 그분은 사람들이 도와주러 올 때까지 기다리는 게 좋겠다고 했다.

"이건 위험한 일이야. 너희들은 사자에 대해서 아는 게 전혀 없어."

그러나 아무도 그 말을 듣지 않았다.

다른 전사들이 말했다.

"우리는 할 수 있다. 자, 모두들 용기를 내."

우리는 서로 격려하며 용기를 북돋워주었다.

형은 화가 머리끝까지 나 있었다. 어머니가 가장 좋아하는 소를 잃은 것이 너무 분해서 고래고래 소리를 질렀다.

"네놈이 느고네야를 죽였어. 넌 그 대가를 치러야 해."

모두들 흥분한 상태였다. 내 안에서 뭔가가 폭발해서 금방이라도 심장이 튀어나올 것 같은 느낌이었다. 나는 만반의 준비가 되어 있었다. 드디어 우리는 사자와 마주섰다. 암놈은 어슬렁어슬렁 걸어서 도망갔지만 수놈은 그대로 남아 있었다. 우리는 긴 창을 세우고 수컷을 작은 반원으로 에워싼 다음 꼼짝 않고 서 있었다. 사자는 먹던 것을 멈추고 우리를 쳐다보았다. 꼭 나를 노려보는 것 같았다. 정말 큰 놈이었다. 놈의 꼬리가 땅바닥을 철썩철썩 때렸다.

놈은 큰 소리로 으르렁대며 경고를 보냈다. 천지가 흔들렸다. 내가 서 있던 땅도 떨리기 시작했다. 놈의 목구멍까지 볼 수 있을 정도였다. 우리가 얼마나 가까이 있었는지 짐작이 갈 것이다. 사자는 어마어마하게 컸다. 그리고 입 안에는 소의 핏덩어리가 가득했다. 나는 놈의 이빨도 셀 수 있을 것 같았다. 얼굴과 갈기는 피로 벌겋게 물들어 완전히 피투성이였다.

사자가 서서히 몸을 일으켰다. 그러자 놈의 몸 전체가 드러났다. 놈은 다시 한 번 우레와 같이 으르렁거렸다. 두 번째 포효는 거의 고막을 찢어놓는 것 같았다. 이제 놈은 작은 원을 그리며 어슬렁어슬렁 발걸음을 떼었다. 놈은 우리의 발을 내려다보더니 그 다음에 눈을 보았다. 사자는 누가 먼저 창을 겨눌지 안다고 했다.

나는 창을 치켜들거나 던질 것 같은 표시를 안 내려고 조심하면서 형의 옆에 바싹 다가서며 물었다.

"다른 야영장이 어디 있어?"

"너 지금 갈려구?"

형이 나를 내려다보았다. 형의 표정은 '너 조심해야 돼. 다른 사람들이 널 겁쟁이라고 여길 수도 있어.' 라고 말하는 것 같았다.

하지만 나는 아랑곳하지 않고 형을 재촉했다.

"글쎄 어디로 가야 하는지만 알려달라니까."

형은 길을 알려주었다.

"이 창, 도움이 될 거야."

나는 형의 손에 창을 쥐어주고는 다른 야영장을 향해 냅다 달려갔다. 내가 어디로 가는지 뒤돌아보는 전사는 아무도 없었다. 모두들 사자에게 집중하고 있었던 거다.

이웃 야영장으로 달려가는 도중에 나는 먼저 보냈던 어린애가 맡은 일을 잘 완수했다는 사실을 알게 되었다. 수많은 이웃 전사들이 우리 전사들에게 자신들이 갈 때까지 기다려 달라는 노래를 부르며 달려오고 있었다. 사자는 붉은 옷을 입은 전사들이 떼 지어 내려올 때까지 자리를 떠나지 않았다. 놈의 눈에는 산등성이가 온통 붉게 물든 것으로 비쳤을 것이다. 그제야 사자는 도망갈 길을 찾았다.

전사들은 사자가 너무 많이 먹어서 빨리 달릴 수 없을 거라고 생각했다. 게다가 바닥이 진창이라 더 느릴 수밖에 없으니 놈을 추격해서 죽일 수 있을 것이라고 생각했다. 하지만 그들의 생각은 빗나갔다. 전사들이 준비 태세를 취하자마자 놈은 쏜살같이 앞으로 달아나버렸다. 전사들은 멍하니 그 자리에 남아 있었다. 그놈을 다시 만나게 되기를 비는 것밖에는 달리 할 수 있는 일이 없었다.

그 후 내가 사자 앞에서 도망쳤다는 소문이 돌았다. 그 말이 내 귀에도 들어왔지만 어쩔 수 없는 일이었다.

"그 어린 레쿠톤이라는 전사 알지?"

"응."

"걔는 사자를 무서워한대."

형이 내편이 되어주려고 했지만 우리 사회에서는 한 번 소문이 나면 그것으로 끝이었다. 내가 겁쟁이가 아니라는 사실을 나 스스로 증명할 수밖에 없었다. 그때부터 나는 방학이 되어 집에 올 때마다 혼자서 야영장으로 갔다. 창을 들고 신발도 신고 갔다. 마을에서 30마일이나 떨어져 있는 곳도 개의치 않고 숲과 사막을 건너서 갔다. 야영장에 가면 소 떼를 혼자서 몰고 나갔다. 그리고 늘 뭔가가 소 떼를 습격해줘서 내가 그것들을 지킬 수 있기를 바랐다.

2 Chapter

용맹성

나와 같은 세대들은 나의 용맹성을 알고 있다.
그들은 나를 사자라고 부른다.
밤낮 없이 으르렁대니까.

─────

우리 부족은 마아 어를 쓴다. 그래서 우리를 마사이 족이라고 부르는 거다. 마아 문화에 속한 작은 부족들은 여러 개가 있다. 우리 부족인 아리알도 그중 하나다. 아리알은 사실 삼부루와 렌딜레라는 두 개의 부족이 합쳐진 것이다. 우리 어머니는 렌딜레 족 출신이고 아버지는 삼부루 족이다. 우리는 유목민이다. 우리가 사는 곳은 가축들에게 최적의 조건을 갖춘 곳이다. 우리는 질병이나 해충이 없고 좋은 풀과 물이 있는 곳에서 살다가 풀이 없어지거나 물이 마르면 다른 곳으로 이동한다.

새로운 방목장을 물색할 때는 한 전사가 하루에 25에서 30마일씩 걷기도 한다. 잠잘 때만 빼고 계속 걸어다니는 셈이다. 그 전사는 풀이 좋은 곳을 찾아다니고 포식자들이나 가축을 훔쳐갈 만한 사람들은 없는지 확인한 다음 마을로 돌아온다. 그는 밤에도 자신이 어디 있는지 정확히 안다. 또 나무에서 나는 냄새로 그 나무가 자라는 곳을 알고 새 소리를 듣고 그 새들이 사는 곳을 정확히 집어낸다. 그 전사는 돌아와서 자신이 점찍어두었던 장소에 관해 가족이나 마을 사람들과 의논을 한다. 그러고 나서 소 떼를 몰고 그곳으로 이동을 할지 아닐지 결정하는 것이다.

예전에는 마아 어를 쓰는 사람들이 케냐 남·북부 전역에 걸쳐 살았다. 나이로비(남부 지방에 있는 케냐의 수도)는 마아 어로 '춥다'는 뜻이다. 우리 고조할아버지는 지금 우리가 사는 곳에서 300마일 떨어진 케냐 남단의 나쿠루에서 가축을 키웠다. 지금은 그곳에 인구가 늘고 도시도 많이 생겨 제한 구역이 늘어났다. 또 국립공원들이 생기는 바람에 이동도 어려워졌다. 그래서 우리는 지금 북부의 작은 마을에서 살고 있다. 현재 아리알 부족의 수는 몇천 명쯤 된다. 우리는 사람의 수를 세지 않기 때문에 정확한 숫자는 모른다. 사람의 수를 헤아리는 것은 금기사항이며 탐욕적인 행동으로 여겨진다. 심지어 정부에서 인구조사를 나올 때도 우리는 숫자를 말하지 않는다. 어머니는 딴 데를 쳐다보면서 우리들 이름만 알려준다.

"우리 애들은 누구, 누구, 누구……."

절대로 아이들이 몇 명인지는 말하지 않는다. 조사 나온 사람들이 알아서 세어야 한다.

내가 태어난 때는 우기가 끝날 무렵이었다. 세상이 온통 초록빛을 띠었고 힘들게 일하지 않아도 되니까 모두들 여유롭고 행복했다. 아이들은 풀을 먹이러 소 떼를 멀리까지 데려갈 필요도 없었다. 내 고향은 에티오피아 국경 바로 남쪽의 마르사비트 행정구역에 속한 곳으로 낮은 산들이 구비구비 이어지는 구릉 지대다. 저지대는 건조해서 거의 사막같았지만 언덕은 시원하고 비도 더 많이 내렸다. 특히 우기에는 더 그랬다. 그 당시 우리 마을은 캄보에라는 작은 산비탈에 자리잡고 있었다.

내가 태어나기 전 우리 식구는 아버지와 두 명의 어머니가 있었다. 아버지에게는 아내가 둘이었다. 나보다 나이가 훨씬 많은 파라이콘 형은 다른 어머니의 아들이었다. 아버지가 돌아가시고 난 후에는 그 형이 아버지 노릇을 했다. 그리고 느골리옹과 르마타리온이라는 형이 두 명 더 있었는데 각각 여덟 살, 다섯 살이었다. 느골리옹과 르마타리온 형은 우리 어머니를 많이 도와주었다. 대부분의 가정에는 딸들이 있어서 물을 길어오거나 땔감을 구해오는 일을 그녀들이 했다. 그런데 딸이 없는 우리 집에서는 형들이 그런 일을 맡아서 했다. 사람들은 그런 형들을 보고 웃으며 놀렸다.

"쟤네들 좀 봐. 여자들이나 하는 일을 하고 있잖아."

하지만 우리 가족은 모두 다 우리 어머니를 무척 사랑했다. 그래서 형들은 자존심이 상해도 아랑곳하지 않고 물을 길어오거나 땔감을 구해오고, 다른 집안일들을 거들었다. 하지만 이 한 가지는 분명했다. 형들은 둘 다 다음에는 딸이 태어나길 바랐다는 것. 그러나 아버지는 생각이 달랐다. 아들은 가축을 돌볼 수 있기 때문에 아버지는 다음에도 아들이 태어나길 원했다. 목동이 한 명 더 느는 셈이니까. 그래도 형들과 어머니는 줄기차게 딸을 원했다.

그 무렵 우리 초막은 아카시아 나무 아래 있었다. 우리가 그 마을을 떠난 후에도 나무는 잘 자라 이제는 제법 큰 아름드리 나무가 되었다. 어머니는 임신했을 때부터 진통을 시작할 때까지 밖에 나가서 일을 했다. 내가 태어나던 날 저녁 어머니는 다른 아주머니들과 함께 땔감을 구하러 나갔다. 산파가 가지 말라고 했지만 어머니는 일하기 좋아하는 분이라 그냥 따라나섰던 거다.

그런데 그날 저녁 황소 한 마리가 무리를 벗어나서 어머니의 초막으로 왔다. 우리는 지금까지도 그 소의 후손들을 키우고 있다. 어머니가 거처하는 초막으로는 한 번도 왔던 적이 없는 소였다. 한 번도. 그런데 그날, 그 소가 와서 초막에 몸을 비벼댔다.

"아무래도 아기가 태어날 것 같아."

초막에 몸을 비벼대는 그 소를 바라보며 마을 원로 중 한 분이 이렇게 말씀하셨다고 한다.

자정 무렵(어른들의 말을 빌면 밤이 한가운데 왔을 때) 어머니는 진통을 시작했다. 동네 아주머니들이 약초와 필요한 물건들을 가지고 왔다. 그리고 내가 태어나자 누군가가 밖으로 달려나가 아버지에게 말해주었다.

"이봐요, 레쿠톤! 티 와 라시! 아기황소에요!"

우리 마을 사람들은 아기가 태어나면 '아들'이나 '딸'이라고 하지 않고 마아 어로 '라시(수송아지)'라고 하거나 '나가치(암송아지)'라고 했다.

아버지는 "헤에헤!"라는 소리로 아버지 특유의 신호를 보냈다.

남자들은 누구나 자기를 알릴 때 내는 고유한 신호를 가지고 있다. 내가 만약 한밤중에 어머니의 거처로 가면서 어머니께 내가 왔다는 것을 알리고 싶으면 "하룸프!" 하고 소리를 낸다. 그러면 어머니는 '오, 우리 아들 왔구나.'라고 할 것이다. 그것은 10년이 지나도 변치 않을 것이다. 아버지는 '헤에헤!'라는 소리를 내면서 쾌재를 불렀다.

"옳지, 목동이 또 하나 늘어나는구나."

우리 어머니와 형들은 어땠을까? 그들은 속이 몹시 상했다. 나무를 하고 물을 길어와야 할 일만 더 늘어났으니 그럴 만도 했다.

어머니는 여느 때처럼 창조신께 감사를 올렸다. 동네 아주머니들이 모두 찾아와서 노래를 불러주었다. 우리 마을에서는 아기가 태어나는 것은 큰 경사였다. 그러나 문제가 하나 있었다. 우기여서 풀은 무성하지만 그 지역에 질병이 돌고 있어 사람들은 가축이 걱정이었다. 내가 태어나기 며칠 전 마을 사람들은 회의를 소집해서 풀이나 물은 어디든지 있으니 이제 다른 곳으로 이동하는 게 좋겠다는 데 의견을 모았다. 그런데 아기가 태어난 바로 다음날 움직일 수는 없는 노릇이었다. 그래서 마을 어른들이 다시 회의를 소집했다.

"레쿠톤의 안사람이 아들을 낳았어요. 이런 경사가 났으니 하루 이틀 정도 이동을 연기하는 게 좋겠어요. 그 다음에 이동을 하도록 합시다."

그들은 상의 끝에 이틀 후 이동하기로 결정했다.

또 다른 문제는 내가 어머니 젖을 먹지 않으려고 했다는 것이다. 나는 어머니 젖에는 전혀 관심을 보이지 않았다. 다른 나라에서와 마찬가지로 우리 부족 사람들도 어머니 젖을 먹는 것이 아기의 건강에 좋다는 걸 알고 있었다. 하지만 나는 막무가내였다. 그 모습을 본 한 아주머니가 이렇게 탄성을 터뜨렸다고 한다.

"어머나! 레마솔라이!"

'자존심이 강한 녀석'이라는 의미의 내 이름은 그렇게 해서 붙여졌다. 레마솔라이. 자존심이 강해서 어머니 젖을 거부했다고.

사람들은 갖은 수를 다 썼다. 암소를 주겠다고도 해보았다. 우리 부족은 갓난아기도 가축에 대한 얘기는 알아듣는다고 믿고 있다.

"저 소를 가져라!"

아버지가 말했다.

"저 소를 줄게! 젖만 먹으면 저기 있는 저놈도 줄게!"

하지만 나는 말을 듣지 않았다.

그 당시 어미 소를 잃은 어린 송아지가 한 마리 있었다. 그 송아지는 초막 안에서 우리와 어린 염소 몇 마리와 함께 잤다. 아버지는 소가죽으로 어린 송아지에게 먹일 우윳병을 만들어주었다. 그랬더니 한 아주머니가 "갓난아기에게도 좀 나눠주지 그래요."라고 했다. 그래서 나는 어린 송아지와 같은 우윳병으로 우유를 먹으며 자랐다. 어머니 젖 대신 지방이 많은 소젖을 먹고 자란 나는 몸무게가 많이 나갔다. 그래서 다른 아이들의 놀림도 많이 받았다. 우리 집에서는 그 송아지를 내게 주었다. 그놈은 내가 처음으로 소유한 암소였다.

이틀 후 우리 마을은 이동을 시작했다. 사람들은 소가죽과 대나무로 특별히 만든 상자 속에 나를 넣어서 당나귀 등에 올려놓았다. 어머니는 내 옆에서 걸어갔다. 다른 지역까지 가는 데는 하루가 꼬박 걸렸다. 그렇게 해서 태어난 지 사흘째 되는 날부터 진짜 유목민의 자식으로서의 내 삶이 시작되었다.

3 Chapter

소

내 고함 소리는 천둥과 같고.
내 소 떼는 두려울 것이 하나도 없다.
두려움은 겁쟁이들에게나 있는 법.
적의 진영에 있는 겁쟁이들.

내게 있어 가장 오래된 기억은 우리 집 초막 밖에 앉아서 놀던 일이다. 아마 내가 세 살 반 아니면 네 살 정도 되었을 때일 것이다. 맑고 화창한 날이었다. 동네 아주머니들이 내 주위에서 야영장을 철거하느라고 분주히 움직이고 있었다. 어머니는 우리 집 초막을 해체해서 이동할 준비를 하고 계셨다. 나는 돌멩이를 가지고 노는 중이었다. 당시 나는 우리 집 소들의 이름을 막 배우기 시작하던 무렵이라 돌멩이를 일렬로 세우면서 아버지와 형들이 진짜 소들한테 하듯이 소의 이름을 불렀다. 그때 땅바닥에 칼이 하나 떨어져 있는 게 보였다. 칼을 가지고 놀기 위해 나는 그것을 집어들었다. 그런데 갑자기 피가 흘러내리는 게 아닌가! 피는 뚝뚝 떨어지는데 하나도 아프지 않아서 나는 별로 신경 쓰지 않았다. 그때 누군가가 나를 보고 소리를 질렀다.

"저런! 레쿠톤네 아들 좀 봐요!"

어머니가 부랴부랴 달려와서는 울음을 터뜨렸다. 그때는 나도 물론 울음을 터뜨렸다. 어머니가 약초를 발라주어서 상처는 치료되었지만 내 오른쪽 눈 밑에는 아직도 흉터가 남아 있다.

소들은 우리의 생활 수단이다. 우리에게 우유와 피를 주고 때로는 먹을 고기와 입을 가죽도 제공한다. 그들은 우리의 재산이다. 우리는 돈이 없다. 소만 있을 뿐이다. 소를 많이 가지고 있을수록 부자다. 어머니는 평생을 짚과 소똥을 이겨서 지은 초막에서 살았다. 어머니가 평생 소유한 물건을 전부 합쳐도 의자 하나 밑에 들어갈 정도일 것이다. 어머니는 모든 것을 소에 의지해서 살고 있다. 어머니에게는 소가 없는 사람은 뭔가 잘못된 것이다. 사람다운 삶을 사는 사람이 아니다.

소들이 있어야 존경도 받는다. 소를 많이 가지면 가질수록 존경도 더 많이 받는다. 마을 사람들도 소를 많이 가지고 있는 사람의 말에는 귀를 기울인다. 하지만 그 사람이 소들을 제대로 돌보지 않아 소를 잃게 되거나 너무 게을러서 좋은 목초지를 찾아 풀을 먹이러 다니지 않으면 아무도 거들떠보지 않는다. 한마디로 '좋은 소'가 있어야 존경받는 것이다.

가난한 사람은 자기 목소리를 낼 수가 없다. 이유는? 소를 많이 소유하려면 열심히 일하고 위험을 감수하며 좋은 소 떼에게 먹일 좋은 풀과 물을 찾아다녀야 한다는 사실을 알기 때문이다.

소를 판단하는 데는 세 가지 기준이 있다. 첫 번째는 색깔이다. 가장 좋은 색깔은 아팔루사 말처럼 흰색에 검은 점이 많이 있는 것이다. 그런 소를 가장 멋진 소로 친다. 두 번째는 뿔이다. 우리는 크고 고른 뿔을 가진 수소를 좋아한다. 그리고 세 번째는 소의 성격이다. 좋은 소는 항상 소 떼의 맨 앞에 선다. 항상 늦거나, 뒤처지는 소는 좋은 소로 여기지 않는다. 소의 무게는 그리 중요하지 않다. 아니 전혀 신경 쓰지 않는다. 색깔과 뿔의 크기 그리고 성격이 얼마나 적극적인가 하는 점이 중요하다.

우리는 소들에게 이름을 붙여준다. 그래서 대부분의 소들은 사람처럼 이름을 가지고 있다. 우리 형은 자기가 소유한 소들의 이름을 모두 알고 있다. 전부 다. 소를 몰고 나갔다가 저녁에 집으로 걸어올 때, 형은 좀 높은 곳에 올라서서 소 떼를 내려다본다.

소들은 모두 혈통이 있다. 같은 혈통에 속하는 것들은 생김새가 똑같다. 우리 형은 각 혈통의 소가 몇 마리인지도 주르륵 꿰고 있다. 소들이 지나가면 그 혈통의 이름을 댄다. 몽고, 무제, 나록 등등. 또 각 혈통에 속한 소들이 빠짐없이 다 있는지 아닌지도 안다. 몽고 혈통 다 있고, 무제 혈통도 다 있고, 나록 혈통 다 있고 등등. 우리는 소들을 그런 식으로 센다. 형은 어느 놈이 있고 어느 놈이 빠졌는지 몇 분이면 파악한다. 그런데 그 소들이 수백 마리다.

우리 소들은 늙어서 죽는 법은 없다. 우리는 소를 팔거나 아니면 도살한다. 한 가지 예외는 영험이 있는 소다. 지금 우리 집에 그런 소가 있다. 우리 형의 소인데 수놈이다. 그렇다고 생긴 게 특별한 것은 아니다. 회색 바탕에 등 한가운데 검은 점이 한 개 있다. 뿔은 하나는 정상이고 다른 하나는 굽었다. 그런데 그게 특별한 점이다.

한번은 이런 일이 있었다. 아침에 형이 소 떼를 데리고 나가려고 하자 그 수소가 나머지 소들의 맨 앞에 서서 움직이지 않는 거였다. 다른 소 떼가 가는 곳과 다른 방향으로 몰고 갈 때까지 꼼짝달싹 하지 않았다. 처음에는 그놈이 왜 그러는지 이해하지 못했다. 하지만 형은 영리한 사람이다. 간혹 어떤 소들에게는 위험을 감지할 수 있는 능력, 즉 본능이 있다는 사실을 형은 알고 있었다. 그래서 두 번째 그런 일이 일어났을 때는 그 소가 가려고 하는 방향으로 갔다. 그날 형과 다른 방향으로 떠났던 소들은 무장 강도들의 습격을 받았다. 물론 형의 소들은 강도의 습격을 피할 수 있었다.

그런 종류의 소는 커다란 축복이다. 그런 소는 절대 팔아서는 안 된다. 대략 스무 살쯤 되어 너무 늙었다 싶으면 보마에서 특별한 의식을 통해 도살을 한다. 보마는 밤에 소들을 가둬두는 우리다. 그 영험 있는 소의 고기는 가족들만 먹을 수 있다. 다른 사람은 절대 먹지 않는다. 그 소의 가죽을 덮을 수 있는 사람도 가족들뿐이다.

우리 마을에서 남자는 소 떼를 돌보고 여자는 마을 살림을 돌보는 것이 관례다. 낮에 마을에 오면 여자들과 어린아이들밖에 볼 수 없을 것이다. 남자 어른과 성장한 소년들은 소 떼를 몰고 풀을 먹이러 간다. 하지만 아주 어릴 때는 남자애와 여자애들이 함께 어울려서 논다.

다섯 살부터 일곱 살 정도까지 나는 매일 열두 명쯤 되는 남자, 여자아이들과 송아지들을 데리고 마을 근처로 풀을 먹이러 갔다. 마을에서 1마일 정도 떨어진 곳이었던 것 같다.

아주 어렸을 때인데도 우리는 영리했다. 우리는 풀이 많은 곳으로 송아지들을 몰고 갔다. 야생 동물들이 있는 곳은 피해서. 우리는 송아지들이 배가 부를 때까지 풀을 뜯게 내버려두었다. 그 사이에 우리는 놀이를 했다. 그러나 송아지에서 눈을 떼지 않았으며 귀는 항상 쫑긋 세우고 위험에 대비했다.

우리에게 맡겨진 일이 자랑스럽긴 했지만 그래도 어린아이들이었다. 우리가 진짜 좋아했던 것은 놀이였다. 남자애들은 연습삼아 작은 막대기로 만든 창을 던지며 전사들의 흉내를 냈다. 먼지 구덩이에서 씨름도 하고 여자애들과 소꿉장난도 했다. 돌멩이를 둥그렇게 쌓아서 초막도 만들었다. 그리고 엄마 아빠 놀이를 했다. 남자애들은 남자 어른들이 집에 오면 부인에게 하는 전형적인 질문들을 했다.

"여보 잘 지냈소? 소들이 모두 안전하게 집으로 들어왔겠지?"

"예."

"아이들은 모두 별 탈 없고?"

"예."

"저기 뭐야, 그 소 있잖아. 아픈 놈. 그놈은 좀 어떤가?"

"많이 좋아졌어요. 오늘 치료를 해줬는데 나아지는 것 같아요."

"음. 오늘 손님은 왔었소?"

"예. 당신 친구분이 당신을 만나러 왔어요. 여기서 20에서 30마일 정도 떨어진 곳에 있는 이웃 마을에 온 김에 당신을 찾아왔더군요. 당신이 집에 없다고 했더니 괜찮다며 내일 다시 오겠다고 했어요. 20마일밖에 안 된다고요. 무슨 할 얘기가 있대요. 자 이제 앉아서 차 좀 드세요."

그러고 나서 우리는 돌멩이 앞에 앉아 저녁 먹는 시늉을 했다. 여자애는 작은 막대기를 가져와서 그것이 컵이라고 생각하고 후루룩 마셨다.

"자, 이제 가봐야겠소. 마을 원로회의가 있거든. 나중에 봅시다."

그러면 남자애들끼리 앉아서 어른들 흉내를 냈다. 우리는 어른들이 무슨 말을 하는지도 알고 있었다. 어른들 회합이 있을 때마다 덤불 속에 숨어서 엿듣곤 했으니까.

"이제 이동해야 할 것 같습니다. 이곳은 더 이상 우리 소들을 먹일 만큼 좋은 곳이 아니에요."

한 어른이 말했다.

"여기서 소가 세 마리나 죽었어요. 그러니 이동해야지요."

그 다음에는 어디로 이동할지 의논하곤 했다. 어떤 어른은 이렇게 말했다.

"저 멀리 있는 큰 바위산으로 갔으면 합니다. 저희 조부님이 묻힌 곳인데 소 떼를 먹이기에 아주 좋은 곳이에요."

"아니오. 그 지역은 이런저런 이유 때문에 썩 좋지 않습니다."

또 다른 어른이 이런 의견을 내놓기도 했다. 어른들은 의견이 일치하든 일치하지 않든 계속 언쟁을 했다. 의견 일치를 보는 것으로 회의가 끝나면 모두 함께 이동할 수 있었다. 의견 일치를 못 보면 한 무리는 여기로 또 다른 무리는 저기로 움직이곤 했다. 어른들은 항상 의견 일치를 보려고 노력했고 그럴 수 없을 때는 다른 길로 갔다. 하지만 나중에 다시 합쳤다. 그들은 언제까지나 친구였기에.

우리는 놀이를 하면서도 행여 무리를 벗어나서 돌아다니는 송아지가 없는지 항상 확인했다. 한 마리라도 잃어버리는 날엔 호되게 야단을 맞을 거라는 사실을 알고 있었다. 그러다 정오쯤 되면 우리는 송아지들을 그늘로 데려가서 낮잠을 재웠다. 송아지도 사람들처럼 낮잠을 자야 했다. 소들이 일단 잠들면 안전하기 때문에 우리는 다시 놀이를 시작했다.

오후 시간은 어찌나 빨리 지나가는지, 금방 이런 말이 나왔다.

"어, 해가 어디 가버렸지? 늦겠어. 소 떼를 집으로 몰고 가야겠는걸."

우리는 계속 어른들의 흉내를 내고 있었다. 이 상황에서 여자들이 할 말은 전혀 없었다. 그냥 듣기만 했다. 여자애들도 마찬가지였다. 묵묵히 남자애들을 따라왔다. 그렇게 우리는 송아지들을 몰고 집으로 돌아갔다.

그때쯤 되면 우리 꼴은 엉망이었다. 뛰어다니고 씨름을 해대느라 온몸이 먼지투성이가 되었다. 하지만 부모님들은 개의치 않았다. 집에 가면 어른들은 말씀하셨다.

"우리 아들 장하다. 송아지들을 전부 집으로 데리고 왔구나. 차를 좀 마시고 밥 먹어야지."

7시쯤 해가 질 무렵이 되면 우리는 송아지들을 모두 집 우리 안으로 몰아넣었다. 문앞에 지켜서서 송아지와 어미 소를 갈라놓는 일은 내 몫이었다.

어머니가 "이제 몽고, 몽고 내보내거라." 말씀하시면 내가 우리의 문을 연다. 그러면 자기 이름을 들은 몽고가 어미 소한테 달려갔다.

어미 소는 젖이 네 개다. 송아지가 젖을 먹으려고 어미 소에게 달려가면 어머니는 두 개만 빨게 했다. 그리고 나머지 두 개의 젖을 짜냈다. 다시 말해서 반은 송아지가, 반은 우리가 먹을 거였다.

젖 짜는 일이 끝나면 어머니는 이렇게 소리쳤다.

"니테이 몽고!"

그러면 나는 앞서 젖을 빨러 나갔던 새끼를 다시 우리에 집어넣었다. 그리고 문을 열어 다음 녀석을 나오게 했다. 송아지에게 젖을 먹이는 데는 한 시간 가량 걸렸다.

어머니는 그 자리에서 내게 소젖을 빨게 했다. 나는 어미 소 옆에 앉아서 소젖에 바로 입을 대고 빨아먹었다. 소젖은 따뜻하고 아주 달콤했다. 미국에서 먹는 우유보다 훨씬 더 달았다. 그 단맛은 소들이 먹는 나뭇잎에서 나오는 거다. 단맛이 더 강한 우유를 얻고 싶으면 우리는 특정한 나뭇잎과 풀을 뜯을 수 있는 곳으로 소 떼를 데려간다. 그러면 그 우유는 특별히 맛있다. 나무 향이 배어 있기 때문이다.

우리는 소 피와 우유를 섞어서 마시기도 했다. 그 우유는 정말 맛있고 몸에도 좋다. 소 피를 얻으려면 보통 세 사람이 필요하다. 두 사람은 소의 목을 밧줄로 감고 경정맥이 튀어나오도록 조른다. 그 다음 세 번째 사람이 정맥의 한 지점을 골라 작고 무딘 화살촉으로 찔러서 작은 구멍을 만든다. 그러면 경정맥이 가로로 갈라지면서 그 구멍에서 피가 나온다. 그 다음에 소의 목 바로 옆에 호리병을 갖다대면 피가 호리병 속으로 쏟아진다. 필요한 만큼 받고 나면 밧줄을 풀어준다. 그러면 피가 멎는다. 빨리 나으라고 상처 부위에 약을 좀 발라준다. 피를 뽑아도 소에게는 해가 되지 않는다. 소에게 남아도는 피의 양만큼만 뽑기 때문이다.

피가 가득 든 사발을 받으면 막대기로 5분에서 10분 정도 저어서 핏덩어리를 모두 없앤다. 그런 다음 우유에 피를 섞는데 피보다 우유를 더 많이 넣는다. 그렇게 하면 정말 맛이 좋다. 누군가 아파서 몸에 피가 부족하면 우유보다 피를 더 많이 섞어서 준다. 우리는 그 피가 몸속에 들어가서 다시 피가 된다고 믿는다.

할 일을 다 하고 나면 아이들은 조금 더 논다. 우리는 하루 중에서 그때를 가장 좋아했다. 밖은 캄캄하고 밤이면 새 소리와 짐승들 소리, 곤충 소리, 너무나 많은 소리가 들렸다. 그것들 모두가 우리에게 노래를 불러주는 것 같았다. 그 시간은 이야기를 하기에 굉장히 좋은 시간이었다. 우리는 서로 이야기를 해주었고 가끔 모두 모여앉아서 어른이 들려주는 이야기에 귀기울이곤 했다. 우리 어머니는 뛰어난 이야기꾼이다. 날이 어두워지면 마을 애들이 전부 어머니의 이야기를 들으려고 우리 집 밖에 와서 앉아 있곤 했다. 나는 항상 어머니 옆에 꼭 붙어앉았다. 무서운 이야기가 나올 것에 대비해서였다. 어머니는 가끔 귀신 이야기를 하셨다. 그중에서 가장 무서운 것은 입이 네 개 달린 짐승, 갬 비트에 관한 것이었다. 어머니가 갬 비트 이야기를 할 때는 아이들이 모두 어머니 옆으로 몰려들었다. 그리고 이야기가 진짜 무서운 부분으로 들어갈수록 더욱 바짝 붙어앉았다. 이야기가 끝날 즈음엔 모두들 어머니 주위에 한 덩어리로 엉켜 붙어 있었다.

밤 10시나 10시 반쯤 되면 아이들은 각자 집으로 갔다. 아이들은 낮에 했던 놀이, 밤에 들었던 이야기로 기분이 고조된 데다 다음날의 모험에 대한 기대감으로 부풀어 있었다.

Chapter 4

집게 아저씨

우리 야영장은 천하무적의 전사들로 가득하다.
나와 같은 세대의 전사들.

———

　우리 사회를 원시적이라고 말하는 사람들도 있을 것이다. 하지만 내가 알기로는 가장 공정하고 가장 훌륭한 사회다. 우리 사회의 조직은 가족뿐 아니라 마을 전체를 기본 단위로 움직인다. 아무도 굶주리지 않는다. 우리는 서로를 돌봐주고 서로서로 지켜준다. 아이들은 어른들을 존경하고 아이들이 잘못하면 어른들이 바로잡아준다. 그것은 마을의 모든 어른이 동등하다는 뜻이다.

　거의 모든 마을에는 '집게 아저씨'라고 하는, 아이들 버릇을 잡아주는 사람이 한 명씩 있다. 집게 아저씨는 말 안 듣는 아이들을 꼬집는다.

다리를 어찌나 세게 꼬집는지, 한 번 꼬집혀본 사람은 절대로 잊지 못할 것이다!

말 안 듣는 아이들에게 부모들은 이렇게 말한다.

"버릇없이 굴면 집게 아저씨 부를 거야."

이 말은 대개 효과가 있다. 아이들은 그 정도로 집게 아저씨를 무서워한다.

마을마다 있는 집게 아저씨는 모두 무시무시하게 생겼다. 손톱을 뾰족하고 길게 기르기도 하고 얼굴이 털북숭이인 사람도 있다. 담배를 씹고 다니는 그들의 모습은 잔인해 보였다. 우리 마을의 집게 아저씨는 그 중에서도 최강이었다. 그 아저씨의 눈밖에 나고 싶어하는 사람은 아무도 없었다. 일단 그의 눈 밖에 나면 아저씨뿐 아니라 다른 마을 집게 아저씨들로부터도 감시를 당하곤 한다. 집게 아저씨들로부터 자식을 감싸주는 부모는 거의 없다. 그것은 공동체의 규율을 굳건히 하는 것이었으니까.

나는 혼자서 다른 마을에 가서는 안 된다는 규칙을 종종 어겼다. 우리 유목민들은 위험한 짐승과 독사들이 돌아다니는 지역에서 산다. 또 유목민 마을은 대부분 서로 2~3마일, 또는 4마일씩 떨어져 있다. 그래서 아이들이 다른 마을에 놀러 가는 것을 제한하는 편이다. 너무 위험하니까. 하지만 나는 언제나 다른 마을에 사는 아이들과 노는 것이 좋았다.

내가 아주 어렸을 때, 여섯 살이나 일곱 살 정도 되었을 무렵이었다. 그날도 평소처럼 송아지 떼를 몰고 집을 나서면서 친구 한 명에게 부탁했다.

"잠깐만 우리 소 좀 봐줄래? 이웃마을에 사는 친구와 놀고 싶어서 그래."

그런 부탁에 대한 보답은 항상 했다. 다른 아이들이 어디 가고 싶을 때 내가 그 집 송아지를 봐주는 거다.

그날 내가 놀러 가려고 했던 마을은 2~3마일 정도 떨어진 곳이었다. 숲속에 난 좁고 구불구불한 오솔길을 따라 가면 그 마을이 나왔다. 나는 달리기 시작했다. 그런데 얼마 안 가서 오솔길 모퉁이를 돌아가는데 집게 아저씨와 딱 마주쳤다. 아저씨는 나를 보자마자 주저앉아서 내게 두 손을 뻗쳤다. 기다란 손가락이 더럽고 날카로웠다. 턱수염을 따라 담뱃진이 뚝뚝 떨어지고 있었다. 아저씨는 두 손을 흔들어대며 꼬집을 준비를 했다.

집게 아저씨에게 그런 식으로 걸리면 도망가도 소용없었다. 우리를 기억하기 때문이다. 다음에 만나면 우리가 모르는 사이에 덥석 달려들어 훨씬 더 세게 꼬집곤 했다.

"어디 가는 거냐?"

나는 얼른 머리를 굴렸다.

"어머니가 이웃 마을에 가서 차에 넣을 설탕을 구해오라고 하셨어요. 차 잎도 있으면 그것도요."

"이런 시간에?"

"아, 예, 예. 어머니가 설탕이 당장 필요하다면서 뛰어갔다 오라고 하셨거든요."

아저씨가 나를 노려보았다.

"그래? 내가 지금 너희 집으로 가는 길인데 네 말이 사실인지 어머니께 여쭤보면 되겠군."

"좋으실 대로요."

나는 이렇게 대답하고는 집게 아저씨를 지나쳐 걸어갔다. 그러다 아저씨가 시야에서 사라지자마자 오솔길을 빠져나왔다. 그러고는 숲을 가로질러 있는 힘을 다해 달렸다. 아저씨보다 먼저 어머니의 초막에 도착해야 했다. 코끼리나 하마가 나타나서 나를 잡아먹는다 해도 상관없었다. 어떤 야생 동물보다 집게 아저씨가 더 무서웠다.

나는 집에 도착하자마자 어머니에게 모든 일을 사실대로 말했다.

"어머니 오늘은 제가 잘못했어요. 우리 송아지들을 다른 애들한테 맡겼다가 집게 아저씨한테 걸렸어요. 어머니, 친구하고 너무 놀고 싶었어요. 오랫동안 못 만났거든요. 그 친구와 정말 꼭 할 일이 있었어요. 나쁜

짓은 절대로 안 했을 거예요.”

어머니는 굉장히 놀라셨다.

“우리 소를 다른 애들에게 맡겼다고? 너 도대체 내 아들이 맞니?”

“어머니, 제발요. 오늘만 눈감아주세요. 다시는 그런 짓 하지 않을 거
예요. 집게 아저씨한테서 구해달라고 하는 것은 이게 처음이자 마지막
이에요. 어머니 제발요. 그 아저씨가 오면 설탕 구하러 보냈다고 말해
주세요. 네?”

“어서 가지 못해!”

나는 집을 나와 소를 돌보러 갔다. 아니나 다를까. 잠시 후 집게 아저
씨가 우리 초막에 나타났다.

“안녕하세요. 느카리리에 레쿠톤 씨 집에 계십니까?”

그가 큰 소리로 불렀다.

“예.”

“차 좀 마실 수 있을까요?”

“그럼요. 지금 막 차를 끓이던 참이었어요. 들어와서 쉬었다 가세요.”

집게 아저씨는 차를 마시면서 말했다.

“아참, 방금 마을 밖으로 통하는 오솔길에서 댁의 아드님을 만났습니
다.”

“아, 그러세요. 이웃 마을에 가서 설탕을 좀 구해오라고 보냈어요.”

어머니는 그토록 나를 사랑했다. 결국 내 편을 들어주셨던 거다. 그 일은 그것으로 일단락지어졌다. 내가 어머니에게 말하지 않았더라면 문제는 두 배로 커졌을 것이다. 집게 아저씨와 어머니 두 분 모두에게 혼이 났을 테니까.

하지만 활달한 소년이었던 나를 어머니께서 항상 감싸주지는 않으셨다. 한번은 우리 초막 바로 밖에서 내가 한 전사에게 회초리를 맞고 있는데도 어머니는 전혀 말리지 않았다. 그날 나는 친구들과 소 떼를 돌보는 동안 한 마을 전사의 흉내를 냈다. 사내 아이들은 종종 자기가 존경하고 닮고 싶은 전사들을 흉내낸다. 그러나 그때는 달랐다. 내가 그를 흉내냈던 건 놀리기 위해서였다.

"이게 누구게? 이 못생긴 전사가 누구게? 점잖을 떠는 꼬락서니 좀 볼래?"

아이들은 무척 좋아했다. 웃음이 그치지 않았고 신이 난 나는 하루 종일 그 전사의 흉내를 냈다. 그런데 그날 밤 한 아이가 그 전사에게 내가 했던 짓을 일러바쳤다. 나는 어른에 대해 불손한 짓을 했고 우리 사회에서 그것은 아주 못된 짓이었다.

그 당시 나는 어른들을 위해 뭔가 하는 것을 굉장히 좋아했다. 심부름을 하거나 설탕이나 차를 구해다 드리고, 말도 전해주었다. 나는 달리고 또 달렸다. 달리는 게 너무 좋았다. 그날 밤 그 전사가 우리 집에 와서 나를 찾았다. 나는 심부름을 시키려고 찾는 줄 알았다.

"느고토 레마솔라이, 레마솔라이 어머니."

그 전사가 어머니를 불렀다.

"네."

어머니가 대답했다.

"레마솔라이 어디 있습니까?"

"저 여기 있어요."

나는 큰 소리로 대답했다. 나는 그의 목소리를 알아듣고 '이웃 마을이나 초막에 가서 담배 같은 것을 구해오라는 심부름을 시키려나보다'고 생각했다.

"이리 나와볼래. 심부름 좀 시킬 게 있으니까."

그래서 나는 얼른 초막 밖으로 나갔다. 그런데 나가자마자 그가 나를 덥석 낚아채는 게 아닌가. 그는 우리 초막으로 오는 길에 숲속에서 가늘고 긴 나뭇가지를 잘라왔다. 회초리는 마치 채찍 같았다. 그는 나를 붙잡자마자 회초리를 꺼냈고 회초리는 쉬익, 하는 소리와 함께 칼날처럼 공중을 갈랐다.

그 소리를 듣자 정신이 번쩍 들었다.

"아이쿠!"

나는 이제 죽을지도 모른다는 생각이 들었다.

"그래, 네 녀석이 오늘 하루 종일 나를 놀려먹었어?"

"아, 아뇨. 전 안 그랬어요."

"어서 말해! 뭐라고 했어! 사실대로 말하지 못해!"

그는 회초리를 들어서 '찰싹! 찰싹! 찰싹!' 사정없이 내리쳤다. 내 무릎과 허벅지, 종아리 가리지 않고 자국이 안 남을 곳만 골라서. 그러더니 싸늘하게 말했다.

"가라."

나는 달려가 친구들을 찾았다. 어떤 녀석이 내가 한 짓을 고자질했을까? 우리는 그날 함께 놀았던 여자애들 중 한 명을 의심했다. 만약 다음날 그 여자애가 송아지를 몰고 나오지 않는다면 틀림없을 것이다. 그 여자애는 일주일 동안 나오지 않았다.

어머니는 그 전사가 내게 매질을 했다는 말을 듣고도 한 마디도 하지 않으셨다. 그것은 버릇을 가르치는 일이었고 우리 문화의 일부였다. 우리 마을에는 불손한 아이들이 많지 않다. 장담할 수 있다.

마사이 전통복장 차림에 몽둥이를 들고 서 있는 나, 마사이 전사 조지프 레마솔라이 레쿠톤. 몸에 두른 구슬은 내가 가진 물건들 중에서 최고로 좋은 것이다. 나는 서구사회에서 많은 것을 이루었지만 마사이 문화유산을 결코 버리지 않을 것이다. 내 목표는 케냐 유목민들이 그들의 언어와 문화, 전통을 보존하는 일을 돕고 교육의 기회를 늘리는 것이다.

▲ 뭄바사 근처에 있는 코끼리 보존 구역에서 축구팀 멤버들과 함께. 당시 나는 보이에 있는 학교에 다니면서 고등학교 입학시험을 준비하고 있었다. 이 사진은 내 어릴 적 모습이 담긴 사진들 중 하나다. 뒷줄 오른쪽에서 두 번째 아이가 나.

◀ 내 인생에서 가장 소중한 분, 우리 어머니.

▲ 마사이 전사들은 항상 한 줄로 걸어다닌다. 마르사비트 근처에서 형, 사촌들과 함께. 맨 앞에서 걷는 사람이 나다.

▲ 우리 마을의 여자들이 나뭇가지에 소똥을 이겨서 지은 집.

▲ 여자들이 몇 마일씩 떨어진 호수에서 언덕 위의 마을까지 물을 길어 나르고 있다.

케냐

에티오피아

수단

루돌프
호수

북부케냐

마르사비트

마르사비트
국유지

0   200miles

0   200kilometers

우간다

이시올로●

적도

나쿠루●

소말리아

나이로비

보이●

몸바사

아프리카

케냐

인도양

저자의 집 부근

금렵지역, 국립공원, 국유지

사바나 지역

▲ 우리나라 케냐. 내 고향은 북부 마르사비트 지
구다. 우리는 항상 가축에게 더 나은 먹을거리
와 물이 있는 곳을 찾아다니기 때문에 자주 마
을을 이동한다.

▶ 고향을 찾은 나.

학교

나는 나와 같은 세대의 전사들을 사랑한다.
우리의 전사애와 형제애를.
사람, 짐승 할 것 없이 우리를 보면 모두들 두려워한다.

━━━━

케냐 정부는 모든 유목민 가정에서 한 자녀는 반드시 학교에 보내야 한다는 법을 제정했다. 원하든 원치 않든 상관없었다. 아버지는 그 법을 마땅치 않게 여겼다. 아버지에게 학교는 무용지물이었다. 차라리 모든 자식들이 집에서 가축 돌보는 일을 도왔으면 했다. 학교에 가 있는 아이는 없는 자식이나 마찬가지였으니까. 아버지는 굉장히 보수적이어서 자식들이 우리 문화를 따라 우리 부족 안에서 자라길 원했다. 그러나 법 앞에선 어쩔 수 없었다.

당국에서 나온 사람들이 이야기했다.

"한 명은 반드시 학교에 보내야 합니다. 누구를 보낼지 선택하세요."

학교에는 아들만 보내지 딸을 보내는 사람은 아무도 없었다. 아버지는 말이 없었다. 느골리옹을 보내고 싶지 않으셨던 거다. 장남은 항상 집에 있어야 했다. 장남은 집안의 기둥이다. 그렇다고 나를 보낼 수도 없었다. 너무 어렸기 때문이다. 둘째 형 르마타리온밖에는 선택의 여지가 없었다.

우리 마을은 항상 이동을 하기 때문에 학교에서 가까울 때도 있었고 멀리 떨어져 있을 때도 있었다. 그 당시는 학교에서 가까웠다. 1마일쯤 떨어져 있었을 것이다. 학교는 미국 선교사들이 운영했다. 그들은 읽기와 쓰기 그리고 수학을 가르쳤다. 또 기독교 교리와 다른 서양의 사상에 대해서도 가르쳤다. 열한 살쯤 되었던 르마타리온 형은 1학년으로 들어갔다.

그는 첫날부터 견디기 힘들어했다. 형은 둘째 날에 다른 아이들 무리와 도망을 쳤다. 도망친 아이들은 모두 다른 길로 갔다. 르마타리온은 하이에나 굴에 숨었다. 나중에 형은 이렇게 말했다.

"학교에 가느니 차라리 하이에나에게 잡아먹히는 게 낫지."

다행히 하이에나는 굴 속에 없었다. 형은 굴 속에서 사흘을 지내다 결국 마을 사람들과 순경 아저씨에게 잡혀서 집으로 돌아왔다. 하지만 순경 아저씨는 아버지에게 다짐을 받았다.

"그렇다고 책임이 면제된 건 아닙니다. 한 명은 반드시 학교에 보내야 해요."

그때, 돌아가는 상황을 유심히 살피고 있던 내가 앞으로 나섰다.

"제가 갈게요!"

"넌 몇 살이지?"

순경아저씨가 물었다.

"여덟 살이요."

사실 나는 여섯 살밖에 안 된 나이였다. 학교에 가려면 여덟 살이 되어야 했다. 그 사실을 알고 있었던 내 머리가 재빨리 돌아간 것이다. 순경 아저씨가 내 나이를 알아낼 방법은 없었다. 우리에게는 출생증명서나 태어난 날을 기록해놓은 문서가 전혀 없기 때문이다.

정부에서 나온 사람들은 아이의 나이를 알아보기 위해 팔을 들어보라고 한다. 팔이 머리를 지나 다른 쪽 귀에 가서 닿는지 확인하는 것이다. 어린애들은 그게 안 된다. 팔이 너무 짧아서다. 순경 아저씨가 말했다.

"귀를 만져봐!"

나는 있는 힘을 다해 거의 귀에 닿을 정도로 팔을 뻗었다. 적어도 순경 아저씨가 만족할 만큼은. 그렇게 해서 순경 아저씨뿐 아니라 아버지, 어머니, 형들의 문제도 해결됐다.

나는 학교에 가고 싶었다. 몸집이 커서 아이들의 놀림을 받았던 당시의 상황이 지겨웠다. 뭔가 변화가 필요했다. 다음날 나는 학교로 갔다. 학교에 갔더니 학교를 운영하는 미국인 아줌마가 나를 보고 물었다.

"너 몇 살이지?"

"여덟 살이요."

그분 역시 같은 말을 했다.

"귀를 만져봐!"

나는 또다시 있는 힘을 다해 팔을 뻗었다. 그분도 흡족해했다. 그리고 그 여자분은 내게 사탕을 하나 주었다. 그때까지 나는 사탕을 먹어본 적이 한 번도 없었다. 무척 달고 맛있었다. 그 이후로 그분은 매일 내게 사탕을 주었다. 어떤 때는 사탕을 받으려고 아침 일찍 그분의 방 앞으로 가서 기다렸다. 무슨 마법에라도 걸린 듯 꼼짝하지 않고.

나는 바로 1학년으로 들어갔다. 학교는 굉장히 소박했다. 의자나 책상도 없었다. 칠판 하나만 달랑 있는 교실 바닥에 앉아서 공부를 했다. 학교에서 보내는 시간은 아침 7시부터 오후 5시까지였다.

학교에서 우리는 전세계 아이들이 배우는 것과 똑같은 것들을 배웠다. 읽기, 쓰기 그리고 수학이었다. 처음에는 종이나 연필도 없이 나뭇가지로 땅바닥에 글을 썼다.

그밖에 우리는 성경도 배웠다. 구약과 신약을 열심히 익혀야 했다.

그 학교에 파견된 선교사들은 기독교의 가치관에 대해서도 가르쳐 주었다. 나는 아직도 그 가치관에 따라 살고 있다.

학교는 마을이나 가축 야영장에서의 생활과 너무나 달랐다. 학교에 도착하면 가장 먼저 우리의 전통 의상을 벗게 했다. 낭가와 구슬목걸이 말이다. 대신 학교에서는 우리에게 교복을 주었다. 짧은 바지와 셔츠, 구두. 가끔 재킷을 줄 때도 있었다. 우리는 학교에서 세례도 받았다. 조지프라는 이름도 그때 얻은 것이다. 하지만 방학 때 집으로 오면 나는 다시 마사이 전통 의상으로 갈아입고 구슬목걸이를 걸친 뒤 몸에 칠을 했다. 그렇게 하지 않으면 다른 애들이 놀려댔기 때문이기도 했지만, 그 나이에도 나는 우리 고유의 문화에서 너무 많이 벗어나고 싶지 않았다. 여러 가지를 배우고 싶은 마음이 강했던 것 이상으로 전통을 지키고 싶은 마음이 컸다.

학교 생활은 엄격했다. 선생님들은 우리에게 많은 것을 기대했다. 수업 시간에 얌전히 앉아 열심히 공부해야 했고 말썽을 부려서는 안 됐다. 뚱뚱한 것은 학교에서도 도움이 되질 않았다. 학교 아이들도 마을 아이들만큼 짓궂었다. 아이들은 나를 '킴보'라고 불렀다. 그것은 아프리카 동부에서 파는 식용유의 상표로, 나를 '기름 병'이라고 부르는 셈이었다. 아이들이 놀리면 나는 맞서 싸웠고 그것이 항상 화근이었다.

학교 생활에는 문제아를 벌 주는 시간이 포함되어 있었다. 그리고 나는 종종 벌 받는 무리에 끼었다. 선생님은 전교 학생들 앞으로 우리를 불러냈다.

"말썽꾸러기들, 이리 나와! 당장!"

학교에서는 몽둥이로 엉덩이를 때렸다. 매를 맞으면 아팠지만 그렇다고 말썽을 일으키지 않을 수는 없지 않은가. 나는 낡은 반바지를 찾아서 두 벌을 겹쳐 입었다. 또 뭔가 일을 저질러서 전체 학생들 앞으로 불려나갔다. 하지만 이번에는 소리를 지르기는커녕 입도 벙긋하지 않았다. 한 대, 두 대. 그래도 끄떡없었다. 다른 애들 앞에서 나의 용맹성을 과시한 것이다. 세 대, 네 대를 맞아도 찍, 소리조차 하지 않았으니! 그런데 내가 입고 있던 여벌 반바지가 더럽고 낡은 것이라 온 사방에 먼지가 날렸다.

"너, 바지 몇 벌 입었어?"

선생님이 물으셨다.

"한 벌이요."

다섯 대, 여섯 대. 그리고 다시 몽둥이가 내려왔다.

"몇 벌 입었냐고?"

"두 벌이요!"

"가서 한 벌을 벗고 와!"

나는 화장실에 가서 한 벌을 벗었다. 그리고 그날은 정말 심하게 맞았다. 그래도 나는 포기하지 않았다. 다음엔 바지를 두 벌 껴입고 그 사이에 마분지를 댔다. 하지만 여러분도 알다시피 마분지를 때리면 소리가 몹시 심하게 난다. '철썩!' 하는 소리가 1마일 밖에까지 들릴 정도였다! 물론 선생님은 당장 내가 한 짓을 알아차렸다. 하지만 이번에는 화를 내는 대신 웃음을 터뜨렸다.

"너 이놈 운이 좋은 줄 알아. 오늘은 재수가 좋았어. 가서 마분지를 빼고 다음부터는 착하게 행동해야 된다."

그날 나는 매를 맞지 않고 무사히 넘어갔다.

결국은 나를 못살게 굴었던 놈들을 혼내주는 법을 알게 되었다. 그중에서도 특히 심한 녀석이 있었는데 이름이 에디슨이었다. 키는 나만했지만 힘이 아주 셌다. 그 녀석은 모든 애들을 괴롭혔다. 심지어 나이가 많고 몸집이 자기보다 큰 아이들까지도. 나는 몸무게가 많이 나가는 데다 숱이 많은 곱슬머리였기 때문에 아이들이 늘 놀렸다. 게다가 다른 아이들보다 어리다는 이유로 에디슨에게는 아주 만만한 상대였다. 그는 내게 자기 가방을 들라고 했고 식사 시간에 내 밥을 빼앗아 먹었다. 그런데 한 해가 끝날 무렵 인내심의 한계를 넘는 일이 벌어졌다.

학교에선 학기 말 마지막 주에 우등생들에게 상을 주었다. 나는 종종 말썽을 일으키긴 했지만 공부하는 것을 좋아했고 또 잘했다. 그래서 학년 말 조회 시간에 나, 조지프 레마솔라이 레쿠톤이 우등상을 받게 되었다. 상품은 멋진 미제 테니스화였다.

조회가 끝나고 나오는데 에디슨이 나를 기다리고 있다가 신발을 빼앗았다. 나는 화가 머리끝까지 치밀었다.

"좋아. 상품은 네가 가져. 가져가란 말이야. 그 대신 이제 다시 나를 건드리지 마."

"아무한테도 말하지 마. 마마한테 고자질하면 가만 안 둘 줄 알아!"

마마는 미국인 교장 선생님이었다. 그의 협박은 계속되었다.

"며칠만 있으면 집에 갈 건데 그때 내 가방을 들고 가야 할 거야. 아니 그 걸로는 안 되지. 통나무도 들고 가게 할 테니까, 알아서 해."

나는 일년 내내 한 번도 에디슨 일로 선생님에게 불평했던 적이 없었다. 하지만 이번에는 달랐다. 나는 마마 선생님에게 갔다. 선생님은 내 말을 믿어주었다. 에디슨은 벌을 받고 나는 테니스화를 되찾았으니까.

하지만 그게 끝이 아니었다. 에디슨은 이틀 동안 잠잠하더니, 마지막 날 모두들 학교를 떠나려고 준비하는 와중에 또 신발을 빼앗아갔다.

"조지프, 너 잘 들어. 너랑 한판 붙을 거니까 1시에 강가로 나와."

그는 전체 학생들 앞에서 이렇게 공표했다. 나로서는 빠져나갈 방법이 없었다.

강가에 도착했을 때 아이들이 둥그렇게 모여 있었다. 한 쪽은 에디슨의 친구인 큰 아이들이었고 다른 한 쪽은 에디슨에게 괴롭힘을 당했던 작은 아이들이었다. 에디슨은 나를 죽여놓을 거라며 꽤나 자신만만했다.

"이 멍청한 놈 좀 봐. 어찌나 뚱뚱한지. 뚱뚱보 아프리카 놈아. 네가 나랑 상대가 될 것 같냐?"

나는 화가 머리끝까지 치밀어서 대뜸 그의 다리를 향해 몸을 날렸다. 그는 아직 준비가 안 된 상태였다. 방어 태세를 취하지 않은 채 덤비라고 큰 소리만 빵빵 치고 있다가 '쿵!' 하고 땅바닥에 머리를 박으며 고꾸라졌다. 그가 쓰러진 틈을 타서 나는 그 위로 뛰어 올라가 밟아대기 시작했다. 내 몸무게가 도움이 되었는지 싸움은 그것으로 끝이 났다. 내가 놔주자마자 에디슨은 줄행랑을 쳤다. 그는 자기가 한 짓에 대한 벌을 받았고 나는 전사가 될 준비를 차근차근 하고 있었다.

학교 생활과 관련된 유목민들의 한 가지 문제점은 우리 마을은 가축들과 함께 이동하는데 학교는 한 곳에 머물러 있다는 점이다. 다시 말하면 학교에 다니는 아이들을 남겨두고 이사가야 한다는 말이다. 1학년 때는 학교가 마을과 가까워서 쉽게 집에 올 수 있었다. 2학년 때부터는 선교사들이 지은 기숙사에서 생활했다. 우리 가족은 어디든 갈 수 있었고 나는 학교에 그대로 남아 있을 수 있었다.

어머니가 가끔 학교를 찾아올 때도 있었다. 그때마다 어머니는 우유를 가지고 오셨다. 학교에서 먹는 음식은 내가 늘 먹던 음식이 아니었고 양도 충분하지 않았다. 대부분 미국에서 가져온 노란 옥수수와 콩을 먹었는데 언젠가 내가 먹는 것을 세어보았더니 옥수수 75알과 콩 15알에 불과했다. 양이 너무 적어서 접시 바닥을 덮을까 말까였다. 나는 학교와 선교사들에게 감사하고 있었기 때문에 불평은 하지 않았다. 하지만 나는 우유를 먹고 자란 유목민 아이였다. 그래서 가족이 학교 가까이 있을 때는 언제나 어머니께서 우유를 갖다주셨다. 어머니는 우유를 들고 10~20마일씩 걸어오실 때도 있었다.

나는 7학년까지 그 학교에 다녔는데 방학이 되어 학교가 문을 닫을 때마다 집에 갈 방도를 찾아야 했다. 그게 가장 어려운 일 가운데 하나였다. 마을과 학교 사이의 거리가 5마일일 때도 있었지만 50마일이 넘을 때도 있었다. 간혹 우리 가족이 정확히 어디에 있는지 모를 때에는 이리저리 수소문을 해야 했다. 나는 우리 지역 출신의 아이들과 함께 길을 나섰다. 학교 자동차가 우리의 목적지와 가장 가까운 지점까지 데려다주기도 했다. 그 다음엔 걸어서 갔다. 도로와 마을, 가축 야영장에는 대부분 사람들이 많았다. 우리는 아무 집에나 들어가서 하룻밤을 지낼 수 있었다. 하지만 사람을 만나지 못하면 동굴이나 나무 위에서 잠을 잤다. 집을 찾아가는 데 2주일이나 걸린 적도 있었다.

다음은 내가 열 살쯤 되었을 때 집을 찾아갔던 이야기다. 그 당시 우리 마을은 학교에서 정말 멀리 떨어진 케냐 국경 부근에 있었다. 80명 정도 되는 학생들이 트럭에 올라탔다. 대부분은 다른 마을 출신들이었고 우리 마을 출신은 극소수였다. 트럭은 우리를 놀룽고라는 곳까지 데려다주었다. 사실 그곳은 마을이라고 할 수도 없었다. 놀룽고는 길가에 서 있던 커다란 아카시아 나무를 가리켰다. 트럭이 멈추자 우리는 모두 차에서 내렸다. 집까지는 아직 40마일을 더 가야 했다.

일행 중에 나이 많은 형들이 몇 명 있었다. 그들은 거의 20대였다. 자식 중 한 명을 반드시 학교에 보내야 한다는 법이 제정되면서 뒤늦게 학생이 된 사람들이었다. 그 형들이 우리의 인솔자였다. 그 형들의 집은 우리보다 훨씬 더 먼 곳에 있었다. 형들은 걸어서 우리를 바래다 준 다음 자기들의 마을로 가기로 했다. 그 형들은 우리 마을에서도 25마일 가량 더 가야 했다. 비가 주룩주룩 내리고 있었고 우리는 모두 난감했다.

내 옷가방은 비닐로 된 쓰레기봉투였다. 학교의 여자 선교사 한 분이 진짜 옷가방을 하나 주셨는데 어느 날 비를 맞아 망가져버렸다. 그래서 쓰레기봉투에 옷가지를 넣어서 들고 갔다.

우리는 걷기 시작했다. 지형은 평탄했고 아카시아 나무와 작은 관목 숲 그리고 띄엄띄엄 바위가 몇 개씩 보이더니 저지대로 내려가자 점점 많아졌다. 비가 와서 땅은 질퍽거렸고 안개비 때문에 어디로 가고 있는지 분간하기조차 어려웠다. 배가 너무 고팠다. 그리고 무서웠다. 주변에는 온통 방금 지나간 물소와 코끼리 발자국투성이였다.

그런데 갑자기 앞시가고 있던 나이 많은 형들이 외쳤다.

"쉬이! 모두들 멈춰 서. 몸을 낮춰!"

우리 앞에 코끼리 떼가 지나가고 있었다. 수십 마리는 되는 것 같았다. 그놈들은 뭔가에 놀랐는지 우리 쪽으로 달려오기 시작했다. 모골레라는 형이 나를 번쩍 들어올리더니 등에 태웠다. 그는 나보다 두 학년이 높았고 몸집이 아주 컸다. 키가 190센티미터쯤 되는 것 같았다. 어머니는 학교에 올 때 항상 그 형에게 줄 우유도 같이 가져왔었다. 그래서 그 형은 나한테 좋은 친구가 되어주었다. 우리 일행 중 한 명이 휘파람을 불었다. 코끼리는 휘파람 소리를 아주 싫어하기 때문에 그 소리를 들으면 방향을 돌린다. 그렇게 우리는 그곳을 빠져나왔다.

우리는 있는 힘을 다해 달려서 동굴 속으로 숨었다. 코끼리보다 더 염려되는 것이 있었기 때문이다. 동굴에서는 우리가 지나왔던 길이 보였다. 또 코끼리를 놀라게 했던 것이 무엇인지도. 아니나 다를까, 너덜너덜한 옷차림에 총을 든 남자 둘이 나타났다. 쉬프타였다. 그들은 우리가 숨어 있는 쪽으로 오고 있었다. 케냐에는 돈을 벌기 위해 야생 동물을 죽이는 밀렵꾼인 쉬프타들이 아주 많다. 그들을 보는 순간 우리는 달아나야 한다는 생각이 들었다. 밀렵은 심각한 범죄였기 때문에 사냥하는 것을 들킨 밀렵꾼들은 위험했다. 다행히 형들이 언덕을 돌아서 내려가는 길을 찾아냈다. 우리가 가야 할 길에서 5마일은 벗어나 있었지만 밀렵꾼들로부터 도망칠 수 있었다. 그때까지도 우리는 불안했다. 어떤 애들은 우리 앞에 사람들이 가는 게 보인다고 우겨대기도 했다. 하지만 그들이 본 것은 나무 줄기였다.

저녁 6시에서 7시경에 드디어 우리는 집에 도착했다. 40마일이나 되는 거리였는데 12시간 만에 왔다. 거의 모든 길을 달렸기 때문이다. 나는 형들을 어머니의 초막으로 데려갔다. 우리 집에는 가축과 우유가 아주 많았다. 그들은 거기서 우유를 마시며 휴식을 취한 후 다음날 아침 자기네 마을을 향해 떠났다.

그 다음날 쉬프타들이 우리 발자국을 발견하고 바로 마을 어귀까지 따라왔다는 얘기를 들었다. 그것은 학교에 다니면서 겪었던 위험한 일들 중 하나에 불과했다.

학교를 떠나는 학생들이 많아졌다. 학기 중에 도망치는 아이들도 있었고 방학이 끝나면 돌아오지 않는 아이들도 있었다. 마을 사람들은 서서히 아이들을 학교에서 빼내올 수 있다는 사실을 알게 되었고 그것을 단속하는 사람은 아무도 없었다. 정부는 할 일이 많았다. 관리들도 해마다 찾아와서 아이들이 학교에 다니고 있는지 묻지 않았다. 그러나 나는 계속 학교에 다닐 수 있었다.

집에 오면 형들이 나를 놀려댔다.

"니 도대체 학교에서 뭘 배우나?"

내가 처음 학교에 다니기 시작했을 때 아버지는 어머니에게 항상 이렇게 말했다.

"왜 애를 학교에 보내려고 하는 거요? 저 애를 집에 두는 게 좋을 것 같은데. 데리고 나옵시다."

하지만 어머니는 완강하게 거절했다.

"아뇨, 아니에요. 그럴 순 없어요. 절대로 여기 둬서는 안 된다구요."

어머니는 내가 학교에 가고 싶어한다는 것을 알고 있었다. 그리고 나는 집에 올 때마다 이야기보따리를 가지고 왔다. 형들에게는 사탕도 갖다주었다.

공부나 학교, 걸어서 집에 오는 일보다 더 힘들었던 건 집에 돌아오면 사람들이 나를 대하는 태도가 점점 예전 같지 않다는 점이었다. 집에 오면 나 자신도 달라져 있었다. 가축을 돌보면서도 가족들에게 다른 것에 관한 이야기를 들려주었다. 내 이름 쓰는 법을 설명해주었고 형들에게도 가르쳐주었다. 그러면 형들은 그것을 그대로 베껴서 그렸다. 영어나 산수를 가르쳐주기도 했다.

원래 속해 있던 문화와 학교에서 배운 다른 문화를 동시에 수용해야 했던 아이의 감정을 설명하기란 어렵다. 하지만 처음부터 나는 내가 속한 문화를 최우선으로 여겼고 학교는 두 번째였다. 할 수만 있으면 동시에 두 개의 문화를 배우고 싶었다. 선교사들은 이렇게 말했다.

"그 옷들을 벗어버려라! 몸에 감고 있는 구슬도! 그건 제대로 된 옷이 아니야!"

학교에서는 물론 선교사들이 시키는 대로 했다. 하지만 집에 오면 나는 전통 의복을 입고 우리 가족이 사는 방식으로 살았다. 그리고 지금도 그렇게 살고 있다.

Chapter

6 목동

용감한 자를 칭송하고,
비겁한 자들은 벌주자.

　내가 아홉 살쯤 되었을 때 우리 지방에 심한 가뭄이 들었다. 거의 2년 동안 비가 내리지 않았다. 샘물은 모두 말라버렸고 풀도 모두 죽었다. 또 주위에 물이 거의 없었기 때문에 유목민들은 여기저기 흩어졌다. 느골리옹 형은 혼자 가축을 데리고 마을에서 멀리 떨어진 '카이수트'라는 사막 지대에 가 있었다. 식구들은 방학이 되어 집에 온 내게 가서 형을 도와주라고 했다.

　그곳에 도착하자 이글거리는 햇살이 따갑게 내리쬐었다. 땅바닥이 너무 뜨거워서 걸을 수가 없을 정도였다. 모든 것이 말라버렸다. 초록

색을 띤 것이라고는 아카시아밖에 없었다. 아카시아 뿌리는 길어서 땅속 깊이 뚫고 들어간다.

건조한 환경 때문에 소젖도 거의 나오지 않았다. 소들이 젖을 많이 만들 수 없었다. 그래서 우리는 대부분 허기진 상태로 지내야 했다. 우유가 생기면 소의 피를 짜서 우유와 섞어서 마시고 없으면 굶었다.

며칠이 지나지 않아 나는 견디기가 힘들거라는 사실을 깨달았다. 배도 고프고 갈증이 심했다. 형에게 불평을 해보았지만 그도 어쩔 수가 없었다. 우리는 둘은 탈수증에 시달리고 있었다. 하지만 물을 찾으려면 하루 종일 길을 걸어가야 했다. 죽을지도 모른다는 생각이 들었다. 기운이 없어서 말도 겨우 할 정도였다. 마침내 형은 내가 심각한 상태라는 것을 알아차렸다.

"저기 소 떼들 있지. 가서 소의 코를 한번 봐. 물기가 있지?"

형은 그게 물이라고, 그러니까 소의 코를 핥아먹으라고 했다. 그래서 나는 신중하게 좋은 소를 골랐다. 순하다고 생각했던 놈으로 골라서 코에 맺혀 있던 땀방울을 핥아먹었다. 그러자 금방 기운이 났다. 나는 소들의 코를 매일 핥았다. 그게 정말 물이었는지 아니면 형이 그걸 먹으면 살 수 있다고 믿게 해서였는지는 몰라도 그후로는 괜찮아졌다.

나는 곧 혼자서 소를 몰고 나갈 수 있는 나이가 되었다.

"소 떼를 몰고 저리 가거라. 용감하게 해야 해. 어린애처럼 굴지 말고."

그러면 군소리 않고 일어나서 나갔다. 아침 6시나 7시쯤에 떠나서 저녁 8시나 9시쯤에 돌아왔다. 소들에게 먹일 물이나 풀이 있는 장소에 따라 돌아오는 시간은 달라졌다. 마실 물이나 음식은 가져가지 않았다. 음식이 있으면 떠나기 전에 먹고 차도 좀 마셨다. 저녁에 집으로 돌아올 때까지 먹는 것이라곤 그게 전부였다. 나는 낭가를 걸치고 창을 들었다. 다른 것은 없었다. 모두들 그렇게 했다. 날씨는 무더운데 물을 전혀 발견하지 못할 때도 있었다. 비가 오면 비를 맞고 서 있었다. 추워도 그대로 앉아서 견뎌야 했다. 가끔 신발을 신지 않을 때도 있다. 그러면 발이 튼튼해진다. 발이 신발 노릇까지 하니까.

가축들을 몰고 나가면 그놈들은 내가 책임져야 했다. 그것들을 지켜야 했다. 그렇지 않으면 벌을 받았다. 야생 동물이 소를 한 마리라도 죽이는 날엔 혼쭐이 났다. 나는 언덕이나 높은 나무를 찾아서 그 위에 올라갔다. 그러면 소들이 밑에서 풀을 뜯고 있는 동안 소도둑이나 야생 동물들이 오는지 망을 볼 수 있었다.

내게 닥치는 문제의 대부분은 코끼리와 물소, 하이에나 같은 야생 동물들 때문이었다. 코끼리는 위험하다. 공격을 받으면 죽을 수도 있다. 코끼리들은 의외로 빠르다. 정말 빠르다. 보기에는 그렇지 않아도 달리는 것을 보면 걸음이 정말 빠르다는 것을 알 수 있다. 게다가 보폭이 넓다. 그리고 그놈들은 엄청나게 크다. 인간은 코끼리에 비하면 아무것도 아니다. 하지만 코끼리들은 사람들에게 겁만 주는 경우도 종종 있다. 공격을 하다가 멈추고 귀를 너풀거리면서 겁을 준다.

하이에나는 탐욕스럽다. 르마타리온이 열네 살 때 나무 밑에서 잠들었던 적이 있다. 그런데 어린 송아지 한 마리가 하이에나의 공격을 받아 그 소리에 잠이 깼다. 형은 창을 들고 하이에나를 쫓아갔다. 놈을 바짝 추격해서 창으로 그놈의 배를 정통으로 찔렀다. 하이에나는 부상을 입고도 계속 달아났다. 달아나는 동안 내장의 일부가 떨어져나왔다. 놈은 돌아서서 땅바닥에 내장이 떨어진 것을 보고는 자기 뱃속에서 나온 것인지도 모른 채 먹기 시작했다. 하이에나는 그 정도로 탐욕스럽다.

나는 마을에 친구가 아주 많았다. 그들도 나처럼 가축들에게 풀을 먹이는 것으로 하루하루를 보냈다. 어머니나 아버지가 "내일 소 떼들을 이곳에 데려가서 풀을 먹여라."라고 하면 나는 "알았어요, 아버지. 알았어요, 어머니. 그렇게 할게요."라고 대답했다. 그런데 가끔 그 전날 밤에 친구들과 만나 다음날 놀 장소를 정해놓을 때도 있었다. 우리는 소 떼를 데리고 나가서 정오가 되면 미리 만나기로 정해놓은 장소에 모였다. 모두 규칙을 어겼지만 아는 사람은 아무도 없었다. 우리는 그런 짓을 많이 했다. 하지만 우리 부족 속담에 이런 말이 있다.

'마흔 번 도둑질을 하면 마흔한 번째는 잡히게 마련이다.'

드디어 그 마흔한 번째 날이 오고야 말았다.

그날 우리는 너무 오래 놀았다. 나무에 올라가서 누가 나뭇가지나 창을 멀리 던지는지 시합을 했다. 놀이에 빠져 있는 동안 우리 소들이 제멋대로 돌아다녔다. 나는 시합이 끝날 때까지 그 사실을 몰랐다. 그러고 나서 둘러보니까 소들이 보이지 않았다. 다른 아이들의 소들은 전부 있었다. 소를 잃어버린 건 나뿐이었다. 나는 소들의 발자국을 따라가서 곧 소 떼를 찾아냈다. 하지만 여전히 다섯 마리가 보이지 않았다. 나는 무지하게 혼날 것이라는 사실을 알고 있었다. 첫째, 소를 잃어버렸고 둘째, 집에서 "너 소를 어디서 잃어버렸냐?"라고 물으면 사실대로 장소를 말해줘야 했다. 그러면 내가 소들을 엉뚱한 곳으로 데려갔다는 것을 식구들이 알게 된다. 시간은 점점 늦어지고 있었다.

그래서 나는 남은 소들을 전부 데리고 친구들에게 가서 나 대신 그놈들을 우리 집으로 몰고 가달라고 했다. 그리고 그날 밤 집에 들어가지 않기로 작정했다. 벌을 받을 것이라는 사실을 알고 있었고 나는 그걸 견딜 수 없었다. 잃어버린 소들을 찾아다녔지만 한 마리도 보이지 않았다. 날이 어두워지자 나는 큰 나무를 골라 그 위에 올라가서 잤다. 밤새 사람들이 소들을 찾아 왔다갔다 하는 소리가 들렸다. 그리고 나를 찾는 소리도. 어머니는 완전히 정신이 나간 것 같았다.

"그 아이 봤어요? 그애 본 적 있어요?"

결국 마을 전체가 이리저리 뛰어다녔다. 하지만 어떻게 된 영문인지, 내막을 아는 사람은 아무도 없었다. 새벽 3시쯤 소들이 스스로 집을 찾아왔는데 난 그 사실을 모르고 있었다. 나는 그놈들을 아주 잃어버린 줄 알았다. 날이 밝은 후에도 나는 여전히 두려움에 떨었다. 그렇게 이틀 밤을 숨어서 지냈다.

사흘째 되는 날 이른 아침, 나는 우리 마을에서 그리 멀지 않은 가축 야영장으로 갔다. 나를 잃어버렸다는 소문을 듣고 있었던 그 마을 어른 한 분이 우리 마을에 내 소식을 전했다.

이제 큰형과 부딪혀야 했다. 아버지는 내가 여덟 살쯤 되었을 때 돌아가셨다. 그 이후로 다른 어머니의 아들로 나보다 나이가 훨씬 많은 파라이콘 형이 우리 집안의 가장이었다. 우리는 형을 아버지라고 불렀다. 형의 위치가 집안의 아버지 자리였기 때문이다. 나는 형이 아주 자상하고 나를 예뻐하지만 돌아가신 아버지만큼 엄하다는 사실도 알고 있었다.

형이 나를 찾아올 때까지 기다리지 않는 게 좋을 것 같아 형을 찾아가기로 마음먹었다. 숨어 지낼 만큼 숨어 있었으니 이제 변명을 해야 할 시간이었다. 나는 형이 가축을 몰고 올 장소에서 기다리고 있었다. 드디어 형의 모습이 보였다. 형은 가는 나뭇가지로 만든 회초리를 든 채 손가락 마디를 씹으며 걸어왔다. 형의 긴 귀도 보였고 소들을 하나하나

살피는 모습도 보였다.

　나는 형에게 다가갔다.

　"아버지, 보여드릴 게 있어요."

　내 손에는 종이 한 장이 들려 있었다. 형은 들은 체도 하지 않고 딴 곳을 보고 있었다. 하지만 나는 종이를 형에게 들이밀며 말했다.

　"용서를 비는 거예요. 학교에서 이렇게 하라고 배웠어요."

　형은 종이를 가져가더니 들여다보았다.

　"뭐라고 쓴 거냐?"

　"그게, '소를 잃어버려서 죄송합니다' 라고 쓴 거예요."

　형은 나를 바라보며 말했다.

　"이놈아. 나는 네가 학교에서 공부를 잘하는 것이 대견스럽다. 그렇지만 용서를 빌 필요는 없다. 이틀 동안 숲속에 숨어 있었던 걸로 네 잘못에 대한 벌은 받은 거지. 사자에게 잡아먹히지 않은 것만도 다행이지. 그러니 오늘 소들을 데리고 나가거라. 내가 말했던 그 장소로 데려가."

　친구들이 작은 바위 뒤에 숨어서 내가 어떻게 되는지 지켜보고 있었다. 그들은 어른들이 주로 아침에 야단을 친다는 사실을 알고 있었다. 아침에 혼을 내면 그날은 가축들을 아주 잘 돌본다는 것을 알기 때문이다. 나는 얼른 형에게 말했다.

"예, 아버지. 어딘지 알아요. 오늘 그리로 데려가서 풀을 잘 먹이고 올게요. 그리고 아무 일도 없게 할게요."

"오늘 저녁 집에 돌아와서 얘기하기로 하자."

형의 이야기를 들으며 나는 소 떼를 몰고 곧장 앞으로 걸어갔다. 그 시점에서 나는 친구들을 보고 싶지 않았다. 그 아이들과 상관없이 내 힘으로 이 문제를 해결하고 싶었던 거다. 나는 소 떼를 몰고 가서 풀을 먹였다. 그리고 실컷 먹어 배가 부른 소들을 데리고 집으로 왔다.

큰형이 나를 불렀다.

"이리 오너라."

그는 나를 데리고 소들이 있는 곳으로 가서 녀석들을 살펴보며 말했다.

"이것이 실레다. 송아지를 세 마리 낳았지. 저놈, 저놈 그리고 저놈이지. 이제 이놈들은 네 것이다."

나는 믿을 수가 없었다. 소를 선물로 주는 것은 굉장한 존경심의 표현이었다. 그것은 큰형이 나를 사랑한다는 표시였고 또 아주 효과적인 방법이기도 했다. 그때부터 소 떼를 몰고 풀을 먹이러 갈 때마다 나는 풀이 확실하게 많은 곳을 찾아서 데려갔다. 그중 몇 마리는 내 것이었으니까.

Chapter 7

성년식

우리 부족 중에는 겁쟁이란 없다.
우리에게 불가능은 없으며
우리의 소들은 내가 갓난아기였을 때부터 이미 두려움을 몰랐다.

———

　내 생애에서 가장 중요한 사건은 할례였다. 전세계 많은 나라들이 남자 아이의 음경 포피를 뒤로 젖히거나 제거하는 전통을 가지고 있다. 어떤 문화에서는 할례가 건강에 좋다고 생각하고 또 할례를 성스러운 것으로 여기기도 한다. 마아 문화에서 할례 의식은 남자 아이가 어른이 되는 성년식이다.

　마아 사회에서 할례를 받지 않은 남자는 어린아이 취급을 받는다. 결정을 내릴 수도 없고 누구든지 그에게 명령을 할 수 있다. 얼마나 똑똑하든, 나이가 몇 살이든, 직업이 무엇이든 상관없다. 교수든 사냥꾼이든 언론인이든 요리사든 어떤 사람이든 상관없이 할례를 받지 않았으면 그를 진지하게 생각하지 않는다.

나는 열세 살 때 할례를 받았다. 나보다 각각 다섯 살, 여덟 살이 많은 느골리옹과 르마타리온 형들도 함께 받았다. 왜냐하면 할례는 매년 행해지지 않기 때문이다. 대부분 여러 해에 한 번씩 이루어진다. 그래서 한 세대 전체가 함께 할례를 한다.

함께 할례를 받은 사람들은 항상 같은 세대에 속하게 된다. 그래서 사람들이 내게 어떤 세대에 속해 있는지 물으면 나는 '일키로로'라고 대답한다. 또 함께 할례를 받은 사람을 만나면 '아는 사람이구나'라고 생각한다. 꼭 동갑일 필요는 없다. 나이 차가 10년 이상 날 수도 있다. 하지만 같은 시기에 할례를 받은 남자들은 모두 같은 세대인 것이다. 우리 세대에 포함되는 사람은 우리 마을과 이웃마을 출신까지 합해서 200명 가량 되었고 나이는 12세에서 22세 사이였다.

젊은이들이 가장 먼저 밟아야 할 단계는 공동체의 어른들에게 할례를 받겠다는 청을 올리는 일이다. 청을 올리는 방법은 노래를 부르는 것이다. 마을 사람들이 모이면 젊은이들은 자신들이 만든 노래를 부른다. 어른들이나 가족 또는 가축을 칭송하는 노래들이다. '이렇게 자랑스런 아들을 둔 어머니에게는 복이 있으라' '만수 무강을 기원합니다' 등의 노래를 한 다음 우리는 어른들에게 청했다.

"우리에게 할례를 베풀어주십시오."

할례를 받기 위해서는 몇 달씩 수많은 노래를 불러야 한다. 많은 어른들은 노래를 듣기 위해 소리를 지른다. 자신들이 어렸을 때 기분을 떠올리고 각자의 성년식을 회상한다. 어른들은 계속 노래를 부르고 또 부르게 한다. 어른이 되는 게 쉬운 일이 아니라는 사실을 가르쳐주려는 것이다. 그러나 결국 승낙을 한다. 마을을 지켜줄 전사가 필요하니까.

다음 두 단계는 '일바야'와 '나인구레'다. 성년식을 치를 사람들은 누구나 화살을 잘라와야 한다. 화살은 시테티라고 하는 특별한 나무에서 얻은 곧은 가지여야 한다. 그리고 실라레이라고 하는 다른 나무에서는 고무를 수집해야 한다. 그 고무나무는 저지대에 있는 언덕에서 자란다. 일년 중 고무가 나오는 시기에 맞춰 내려가서 젊은이들은 하룻밤을 지내며 고무를 채취한다. 고무는 씹는 껌처럼 무르다. 냄새가 아주 좋기 때문에 많은 사람들이 향처럼 태워서 집 안에 좋은 냄새가 나게 한다. 그러나 그것을 화살촉에 붙인 다음 그대로 두면 돌처럼 단단해진다.

할례가 끝나고 아직 상처가 아물지 않았을 때 전사들은 그 화살을 이용해서 살아남는 기술을 연마하게 된다. 그렇다고 그 화살이 실제로 짐승들의 살갗을 관통하는 것은 아니다. 다만 목표물에 명중시키는 연습을 하는 것뿐이다. 할례 시기에 피를 보는 것은 상서롭지 못한 일로 여긴다.

또 화살을 묶는 끈의 종류도 정해져 있다. 부드러운 흰색 끈인데 특정한 나무껍질로 만들어졌다. 전사의 어머니가 재료를 수집해서 화살을 한 묶음 묶어준다.

마지막으로 할례를 받는 사람의 어머니는 두세 마리의 염소를 잡아서 가죽 외투를 만들어준다. 할례를 받기 한 달 전부터는 가죽옷을 입어야 하기 때문이다. 그때 잡는 염소는 순백색이거나 순흑색이어야 한다. 그런 염소를 구하기는 매우 어렵다. 그래서 사람들은 몇 달씩이나 그것들을 찾아다닌다. 이 모든 준비는 쉬운 일이 아니다. 하지만 매우 중요하다. 준비가 되지 않은 사람은 다음 세대가 성인식을 치를 때까지 기다려야 한다. 10년에서 15년 이상을.

할례를 받기 위한 준비 기간 동안 나는 집을 떠나 학교에 있었다. 그래서 많은 부분을 학교에서 준비해야 했다. 나는 마을 어른들에게 바칠 노래를 만들고 익히느라 서너 달을 보냈다. 그리고 방학이 되어 집에 가면 그 노래들을 불렀다. 다른 준비는 형들과 어머니가 대신 해주었다. 화살을 만들 때 쓸 나뭇가지와 고무를 수집하고 화살을 묶을 끈도 만들어주었다. 그것은 허용되었다. 나는 그해의 마지막 학기 말 시험 준비를 하는 내내 시험이 끝나면 닥칠 일에 정신을 쏟았다.

드디어 그날이 왔다. 우리 세대에 속하는 200명의 젊은이들이 모였다. 모두 같은 날 할례를 받을 준비를 하고 있었다. 성년식을 위해 특별히 '알로로라'라고 하는 마을이 세워졌다. 그 마을에는 성년식을 받는 아들을 둔 가족들만 초막을 지을 수 있었다. 나머지 마을 사람들은 멀리 떨어진 곳에서 지냈다.

아침 일찍, 6시경부터 할례가 시작되었다. 가장 명성이 높고 훌륭한 가문부터 의식을 시작한다. 두 번째로 훌륭한 가문이 그 다음 그리고 점점 유명하지 않은 가문으로 내려간다. 우리 레쿠톤 가문은 항상 첫 번째였다. 가장 큰 가문인 데다 조상들 중에 지도자가 많았기 때문이다. 가문 안에서는 나이순으로 행해졌다. 큰아버지의 아들들부터 시작했다. 우리 아버지는 레쿠톤 가문의 막내에 속했다. 그래서 사촌들과 형들이 모두 끝나고 나서야 내 차례가 왔다. 나는 살아오는 동안 할례식에 대한 얘기를 종종 들었다. 그리고 사촌들과 형들이 하는 것을 옆에서 지켜보았기 때문에 무슨 일이 벌어지는지 확실히 알고 있었다. 드디어 내 차례가 왔다.

어려운 점은 의식이 진행되는 동안엔 털끝 하나 까딱해서는 안 된다는 것이다. 손가락도 움직일 수 없고 입도 실룩거려서는 안 된다. 심지어 눈썹도 까딱할 수 없었다. 세 사람이 나를 부축해주었다. 나는 바닥에 깔아놓은 가죽 위에 다리를 쭉 뻗고 앉았다. 한 사람은 내 등을 힘껏 받쳐주고 다른 두 명은 다리를 움직이지 못하게 살짝 붙들어주었다.

그렇지만 모든 것이 순탄하지만은 않았다. 나의 다른 어머니가 몽둥이를 들고 서 있었다. 그녀는 나라면 껌뻑 넘어가셨는데 그때만은 내가 움직이기만 하면 사정없이 내리칠 준비를 하고 서 있었다. 내가 겁쟁이가 아니라는 사실을 확실하게 보여주는 것이 그녀의 임무였다. 우리 어머니도 거기 있었다. 하지만 어머니는 다른 어머니만큼 강심장이 아니었다. 나머지 가족들도 단결심을 보여주고 내가 가문의 명예를 떨어뜨리는 일이 없도록 하기 위해 내 주위에 빙 둘러 서 있었다.

그때 칼을 든 남자가 다가왔다. 그는 내 앞에서 칼에다 침을 뱉더니 겁을 주려는지 허공에다 칼을 휘둘렀다. 그건 할례 의식의 일부였다. 우리 가족은 우유와 섞은 물을 내 얼굴에 부었다. 축복을 내린다는 의미다. 속눈썹 바로 위에 물거품이 내려앉았다. 그 거품이 떨어지면 내가 눈썹을 깜박거렸다는 증거가 된다. 절대 깜박거릴 수 없었다! 7분, 8분 또는 10분. 아니 얼마나 오래 걸리든 상관없이 눈을 깜박거려서도 안 되고 움직여서도 안 된다. 바위처럼 꼼짝 않은 채 눈을 뜨고 있어야 했다. 드디어 할례사가 칼을 들어올리더니 나를 내리쳤다. 정수리가 갈라지는 것 같았다. 다른 데가 아니라 머리 한가운데가 아팠다.

우리는 처음 세 번 자를 때만 견디면 인생이 바뀐다고 믿는다. 이미 할례를 마친 형들이 떠들어댔다.

"눈 깜박거리지 마. 움직이지 말고. 가문에 수치를 안겨주면 안 돼.

우리는 한 번도 가문에 먹칠한 일이 없어.”

그러는 동안 수술은 계속되었다. 8~9분쯤 걸린 것 같았다. 수술은 섬세한 과정이었기 때문에 할례사의 솜씨에 따라 걸리는 시간이 달라진다. 기술이 좋지 않은 사람에게 걸리면 재수가 없는 거다. 10분 이상 걸릴 수도 있다. 실수라도 하게 되면 다시 제대로 할 때까지 기다려야 한다. 일어나서 나올 수도 없고 다른 선택의 여지도 없다.

성년식이 진행되는 동안 마을 곳곳에서 노랫소리가 들려왔다. 용맹성과 형제애를 노래하고 부족을 찬양하는 노래들이었다.

마침내 일곱, 여덟 번쯤 자른 다음에 어머니가 큰 소리로 숨을 내쉬는 소리가 들렸다. 안도의 한숨이었다. 다른 남자들이 나를 위해서 불러주는 노랫소리도 들렸다.

“그도 해냈다. 이제 그도 우리의 일원이다. 그도 통과했다네.”

다른 어머니는 몽둥이를 내려놓았다. 그때 할례사가 칼등으로 내 허벅지를 때리며 말했다.

“어서 일어나. 넌 이제 어른이야.”

그 말을 들어야 한다. 그때부터 영원히 다른 세상이 펼쳐지니까. 그때는 하늘이 열리는 듯하고 모든 것이 선명해 보였다. 점점 통증이 심해지는 것만 빼고는.

그날 얻은 소들을 다 받을 때까지 나는 자리에서 일어나지 않았다.

시험에 통과하는 순간 그곳에 참가한 모든 가족 구성원에게 소를 달라고 할 수 있다. 그날 나는 스물두 마리를 얻었다. 식구들이 나를 어머니의 초막으로 데려갔다. 그곳에는 나뭇가지로 만든 커다란 침대가 두 개 있었는데 침대 위에는 가죽을 깔아놓았다. 나는 가죽 위에 눕혀졌다. 통증이 쉬지 않고 계속되었다. 약이나 진통제 같은 것은 전혀 없었다. 그냥 견뎌내야 한다. 주위에 있던 형들과 다른 사람들의 신음 소리가 들렸다.

"아야야! 아야!"

나도 소리를 질렀다. 하지만 최악의 순간은 이미 지나갔고 상처는 서서히 아물고 있었다.

우리는 상처가 다 아물기를 기다리면서 두 달 동안 그 마을에 남아 있었다. 그 동안 모두 서로 친해졌고 성년식을 축하하는 커다란 잔치를 벌일 준비가 되어 있었다. 할례를 한 후 이틀째부터 각 전사들은 새를 잡아서 그 가죽으로 머리띠를 만들었다. 멋진 머리띠를 만들려면 새가 열다섯 마리 정도 들어간다. 화살촉에 고무를 붙인 특수 화살이 쓰이는 시점이다. 뭉툭한 화살로 새를 맞춰서 떨어뜨려야 한다. 좋은 점은 이 시기에는 옷을 전혀 입지 않는다는 거다. 특히 사냥을 할 때는.

새를 죽인 다음 껍질을 벗겨 일렬로 줄에 매단다. 활 솜씨뿐 아니라 껍질 벗기는 것에도 능숙해야 한다.

나의 문제점은 아직 어려서 활을 다루는 솜씨가 능숙하지 못하다는 것이었다. 하지만 나한테는 친구 느카다루가 있었다. 그는 다리를 절기 때문에 목발을 짚고 다녔다. 선교사들이 준 것이었다. 20대인 그는 나이가 많았고 걸음도 잘 못 걸었지만 활 솜씨는 훌륭했다. 게다가 머리도 아주 좋았다. 그는 어디로 가야 새를 잡을 수 있는지 잘 알고 있었다. 우리는 공조체제로 들어갔다.

그때 우리는 '사로이' 밖에 먹을 수 없었다. '사로이'는 우유와 소피를 섞어서 며칠 동안 발효시킨 것이다. 사람들은 그것이 피를 만들어준다고 믿었다. 우리에게는 정말 피가 필요했다. 할례를 하면서 피를 많이 흘렸기 때문이다. 느카다루와 나는 '사로이' 한 병을 가지고 굉장히 큰 나무 위로 올라가 자리를 잡았다. 두 말할 것 없이 새들이 모두 밖으로 나갔다. 느카다루는 새들을 쏘아서 떨어뜨렸고 달려가서 떨어진 새를 줍는 것은 내 일이었다. 나는 동작을 빨리 해야 했다. 떨어진 새들 중에는 의식을 되찾아서 날아가버리는 것들이 있었기 때문이다. 새들이 땅에 떨어지기가 무섭게 나는 달려가서 주웠다. 그런 다음 새의 껍질을 벗겼다. 느카다루는 껍질을 벗기는 솜씨가 보통이 아니었다. 우리는 그런 식으로 새들을 많이 잡았다. 나는 줄에 열다섯 마리가 넘는 새들을 매달았다. 다른 곳에서 혼자 사냥을 하고 있던 형 르마타리온은 그것을 보고 놀랐다. 형은 한두 마리밖에 잡지 못했다.

마지막으로 우리를 성인으로 대접해주는 커다란 행사가 있는데 '이무게트'라고 한다. 새로 태어난 전사들은 각자 소를 한 마리씩 잡아야 한다. 그 즈음 주변 마을의 많은 부족들이 잔치에 참석하기 위해 모두 모였다. 그 잔치는 할례 의식의 마지막을 장식했다. 우리 세대는 몇 달을 함께 보내보면서 평생을 같이 할 우정을 쌓았다.

소에는 특별한 부위가 있다. '느키유' 혹은 가슴이라고도 하는 갈비 부위다. 심장을 감싸고 있기 때문이다. '이무게트'를 위해서 새로 탄생한 전사들은 각자 영원히 믿을 수 있는 친구라고 생각하는 전사를 한 명 선택한다. 곤경에 처했을 때나 행복할 때나 신뢰할 수 있는 친구. 그 친구를 '느키유'라고 부르고 그에게 소의 갈비 부위를 준다. 그리고 둘이서 함께 마시는 '사로이'는 둘을 영원히 묶어준다. 나에게는 두 명의 '느키유'가 있다. 레네페와 네사마마다.

가족, 친구들과 함께 잔치석상에 앉아 있으니까 기분이 좋았다. 할례사의 칼을 이겨냈다는 사실은 앞으로 내게 어떤 도전이 닥쳐도 정복할 수 있을 것 같은 자신감을 주었다. 나는 전사들의 형제애 속에서 내 위치를 확보했고 공동체의 결정 사항에 관여할 수 있게 되었다.

이제 나는 성인이었다.

8 Chapter
카바라크 고등학교

내가 태어났을 때 사자도 한 마리가 태어났지.
나는 평지에서든 고지대에서든 가리지 않고
사자를 죽일 수 있다네.

할례를 받을 무렵 나는 선교사 학교를 그만두고 뭄바사 근처 학교에
다니고 있었다. 학교를 바꾼 이유는 이랬다. 선교사 학교는 상당히 좋았
다. 공부를 시작하게 해주었고 훌륭한 교육을 받게 해주었다. 그런데 고
등학교 입학시험을 치를 때가 되었는데 성적이 좋지 않았다. 학생들 대
부분이 그랬다. 웬만큼은 했지만 다른 학교 아이들만큼 잘 하진 못했다.

우리는 유목민이었기 때문에 수도 나이로비와는 멀리 떨어져 살 수
밖에 없었다. 그래서 항상 좋은 선생님 밑에서 배울 수는 없었다. 또 선
생님들 중에는 오지로 보내진 것에 불만을 품은 분들도 있었다. 그들은

우리가 사는 곳을 외딴 곳에 있는 오지 마을로 생각했다. 우리가 사는 곳까지 오려면 며칠씩 걸렸고 도로 사정도 엉망이었으니까.

나는 패자가 되고 싶지 않았다. 이미 가족과 마을을 떠나 학교에 다녔고 학업을 계속하고 싶었다. 그리고 잘하고 싶었다. 선교사 학교를 떠날 무렵 내 안에서는 이미 새로운 야망이 자라고 있었다. 나는 정부에 관해 배웠고 라디오를 통해 권력을 쥔 사람들의 이야기를 들었다.

하지만 우리 부족이 권력 있는 자리에 앉았다는 얘기는 한 번도 들어본 적이 없었다. 케냐에서 유목민은 소수 인종이었다. 우리는 전통적인 방식을 고수하며 살아왔고 정부나 다른 기관에서 우리의 입장을 대표해주는 경우가 별로 없었다. 나는 그런 것에 관해 배우기 시작했고 언젠가 내가 우리 부족의 삶에 도움이 될 수도 있다는 생각을 하게 되었다.

마침 케냐 야생동물연구소에서 일하는 사촌이 한 명 있었다. 그는 케냐 남부의 뭄바사 근처 보이라는 곳에서 일하고 있었는데 날더러 그곳에 와서 일년 동안 함께 지내자고 했다. 그렇게 되면 새로운 학교에 다니면서 1차 국가시험을 다시 볼 수 있었다.

학교를 바꾸면서 나는 모두 A학점을 받았다. 그래서 카바라크라는 고등학교에 입학할 수 있었다. 카바라크는 일류 고등학교였다. 다니엘 아랍 모이라는 사람이 후원하는 학교였는데 그는 당시의 케냐 대통령이었다.

카바라크 고등학교는 나이로비에서 90마일쯤 떨어진 그레이트 리프트 밸리의 나쿠루에 있었다. 나는 가난한 유목민 자식으로 외모나 생활 방식이 아직 상당히 구식이었다. 처음 학교에 갈 때는 빨간색 낭가를 입지 않고 들고만 갔다. 내가 마치 이상한 옷을 입은 것처럼 다른 애들이 쳐다볼 것 같아서였다.

나쿠루에 도착한 나는 학교를 찾아서 정문으로 걸어 올라갔다. 하지만 안으로 들어갈 용기가 없었다. 나는 밖에 앉아서 차들이 들어가는 것을 지켜보았다. 그중에는 벤츠 같은 고급 승용차들도 있었다. 그런데 나는 헤져서 여기저기 기운 교복을 입고 있었다. 마침내 용기를 내서 수위실까지 걸어갔다. 수위에게 이 학교에 새로 입학할 학생이라고 했더니 그는 나를 쫓아냈다. 나는 다시 길 건너로 가서 좀더 지켜보았다. 그런 뒤 돌아가서 수위에게 입학 허가서를 보여주었다. 그제야 그는 나를 들여보내 주었다.

일단 정문을 통과해서 수위가 신입생 신고를 하는 건물이라고 일러준 곳까지 걸어가는데 가도 가도 끝이 없는 것 같았다. 비닐 쓰레기봉투를 어깨에 멘 내 꼴은 누추하기 짝이 없었다. 모두 나를 쳐다보는 것 같았다. 너무 당혹스러워서 발걸음이 떨어지지 않았다. 한 가지 기억나는 일은 결코 정문이 있는 뒤쪽을 돌아보지 않았다는 것이다. 결코. 수위가 나를 다시 불러서 학교에서 나가라고 할까봐 너무 겁이 났던 거다.

신입생 신고를 하는 건물에 도착할 때까지 나는 앞만 보고 걸었다.

나와 비슷하게 생긴 아이들도 있었지만 사실은 나와 같지 않았다. 그 누구도 나처럼 누더기를 입고 있지 않았고 그 누구도 나만큼 지쳐 보이지 않았다. 나는 줄곧 내 주머니에 들어 있는 돈이 너무 적다는 사실에 신경이 쓰였다. 매점에서 빵을 약간 살 돈밖에 안 될 것 같았다.

누군가가 나의 이름을 부르더니 교복을 나눠주었다. 그러고 나서 나는 기숙사로 보내졌다. 커다란 방에 이층침대가 여러 개 놓인 곳이다. 나는 아래층을 배정받았다. 새로운 기숙사를 짓고 있는 중이라 그 임시 숙소에서 지내야 했다. 사실 썩 좋은 시설은 아니었지만 나는 아주 마음에 들었다. 지붕에서 비도 들이치지 않았고 침대는 내가 자본 것들 중에서 가장 좋았다. 그리고 기숙사와 가까운 건물에는 샤워 시설도 있었다. 내게는 천국이나 다름없었다.

카바라크에는 엄청난 부잣집 애들이 많았다. 가난한 아이들도 몇몇 있었지만 그런 아이들조차 서구적이고 도회적인 생활 방식에 젖어 있었다. 그들은 도시에서 살았고 영어를 기막히게 잘했다. 집에는 텔레비전도 있었다. 그런데 나는? 나는 텔레비전이 뭔지도 몰랐다. 그때까지 텔레비전이라는 것은 구경도 못했다! 내가 아는 것이라고는 소밖에 없었다. 그러니 나와 친구들 사이에 무슨 공통점이 있었겠는가. 내가 소에 관한 얘기를 하면 "너 도대체 무슨 얘기하는 거냐?"라며 친구들은 반문했다. 아이들은 나를 보고 웃기만 했다. 그것은 내 나라 안에서 느낀 문화적 충격이었다.

나는 다른 아이들과 많이 달랐지만 처음에 느꼈던 문화적 충격 이후로는 아이들과 잘 지냈다. 그 학교에서 친구들도 많이 사귀었다. 그리고 그중 많은 아이들이 지금까지도 친구로 남아 있다. 나는 일찍이 내가 그 학교에서 몇 안 되는 유목민 중 한 명이라는 사실을 깨달았다. 그 사실은 내게 용기와 자존감을 불러일으켰다. 방학이 되면 카바라크의 다른 아이들은 도시에 있는 집으로 가서 빈둥거리며 지냈지만 나는 가축 야영장으로 갔다. 그것은 내게 도움이 되었다. 나는 카바라크에서의 경험을 또 다른 성년식으로 여겼다. 내 인생에 대한 준비의 일부로. 마아 문화에서는 어떤 일을 하든 모두 다음 단계로 가는 준비 과정이 된다. 살아가면서 겪는 모든 일은 다음에 닥칠 도전에 대한 준비였다.

카바라크 고등학교 학생들은 케냐 전역에서 온 많은 부족들로 구성되어 있었다. 마치 작은 유엔 같았다. 우리는 서로 영어나 스와힐리어를 썼다. 나는 그렇게 다른 아이들과 사귀고 다른 계층과 어울리기 시작했다. 학생 수나 교육면에서 엘리트층은 키부유 족이었다. 루오 족과 루히야 족, 칼렌진 족, 캄바 족, 디고 족과 키시이 족도 있었다. 그리고 유목민도 몇 명 있었는데. 모두 다른 지역 출신들이었다. 그러나 우리는 같은 처지라 곧 친구가 되었다. 일부 유목민 아이들은 자기가 어디 출신인지 밝히는 것을 굉장히 당혹스러워했지만 나는 자랑스러웠다.

하지만 때로는 한밤중 잠에서 깨어 내가 왜 여기서 이러고 있는지 의문이 들 때도 있었다. 매일 사소한 사건들이 일어났다. 내가 주류 계층 출신이 아니라는 것을 드러내는 사소한 표시들. 소 떼를 버려두고 그런 엘리트들이 다니는 학교에 와 있는 것이 분수를 벗어난 것이 아닌가, 생각하게 만드는 일들. 또 나는 사회적으로 그곳에 소속될 수 없다는 느낌을 주는 표시들. 하지만 학교에서는 다른 애들과 똑같이 나를 대해주었고 사실은 그게 가장 중요했다.

나에게 특별히 사부가 되어준 선생님은 없었지만 일부 학과 선생님들과는 친해질 수 있었다. 그 학교 선생님들은 아주 훌륭한 분들이었다. 나이로비 출신 선생님들이 많았고 몇 명은 우간다에서 왔다. 두 명은 영국인이었고 미국인 선생님도 한 명 있었다. 교과 과정은 달랐지만 학과목은 미국의 좋은 고등학교에서 배우는 것과 똑같았다

나는 서서히 해야 할 일과 하지 말아야 할 일들을 익혀나갔다. 한 가지 분명한 것은 열심히 공부해야 한다는 사실이었다. 내 목표는 성공하는 것 그리고 우리 가족을 실망시키지 않는 것이었다. 내가 카바라크에 다닐 때 우리 집에서는 내 등록금을 마련하기 위해 소를 서너 마리씩 팔아야 했다. 우리 가족에게는 많은 소였다. 카바라크는 학비가 비싼 학교다. 그 당시에 가뭄이 들어서 우리 집에는 여유가 별로 없었다. 또 그

해 우리 소들이 유독 많이 죽었다. 이상하게 들릴지 모르지만 내가 학교를 그만두고 집으로 돌아가도 가족들이 실망하지 않을 것 같았다. 식구들이 내 뒷바라지를 해주었지만 그들에게 학교는 그다지 중요하지 않았다. 그저 '아, 쟤가 돌아와서 다시 목동 일을 하는구나. 이제 일할 사람이 늘었군.' 하는 정도로밖에 생각하지 않았을 것이다.

그러나 나는 각오를 단단히 했다. 학교는 수업 강도가 높았고 학생들은 모두 영리했다. 느긋하게 있다가는 반에서 꼴찌 하기 십상이었다. 교과 과정은 매우 전문화되어 있었다. 세 개의 핵심 과목을 선택해서 그것을 집중적으로 공부해야 했다. 내가 선택한 과목은 경제학과 스와힐리어 그리고 지리였다. 그것들은 내가 부담 없이 공부할 수 있는 과목들이었다.

하루하루가 정신없이 흘러갔다. 새벽 5시 30분 기상. 수업은 오전 8시에 시작해서 오후 4시까지 계속됐다. 그러고 나서 운동을 하러 나갔다. 저녁 식사는 6시였고 식사 후에는 밤 9시 정도까지 다시 공부를 했다. 수업을 따라가려면 종종 그보다 더 오래 공부를 해야 했다. 새벽 4시에 일어나서 밤 10시나 10시 30분이 되어야 잠자리에 들었다. 그보다 늦어질 때도 있었다.

그리고 모든 학생들은 의무적으로 학교에서 살아야 했다. 나이로비 부근의 부잣집 출신 아이들은 항상 불평이었지만 나는 너무 좋았다. 나는 그보다 더 좋은 곳에서 살아본 적이 없었다. 3학년 때 나는 전과목 A를 받아서 독방을 쓰게 되었다. 나처럼 전과목에서 A를 받은 학생에게는 다른 아이들을 감독하고 일부 학교 활동을 운영하는 의무가 주어졌다.

나는 방학 때 집에 가서 지내는 것이 정말 좋았다. 하지만 학교가 문을 닫기 전 며칠 동안은 어떻게 집에 가야 할지 암담했다. 나쿠루에서 이시올로까지는 전혀 문제가 없었다. 일반 버스를 탈 수 있었으니까. 하지만 이시올로에서 마르사비트까지 가는 유일한 교통 수단은 식료품이나 다른 물건들을 싣고 가는 화물 트럭뿐이었다. 어쩔 수 없이 화물 트럭의 짐 위에 매달려 가야 했다. 200마일 정도 되는 거리였는데 타고 가는 트럭의 상태에 따라서 하루나 이틀씩 걸렸다. 많은 트럭들이 노후하고 상태가 좋지 않았다. 나는 항상 새 트럭을 찾아보려고 했지만 때로는 선택의 여지가 없었다. 도로 사정도 나빴다. 도로가 너무 좋지 않아서 항상 타이어에 펑크가 났다. 도둑 떼도 있었다. 오지를 통과하는 도로여서 언제나 도둑 떼의 공격이나 강도를 만날 위험이 도사리고 있었다.

트럭의 짐칸 꼭대기에 올라타는 것도 악몽 같았다. 이시올로에 도착하면 바로 타고 갈 트럭 편을 찾았다. 차를 얻어타기까지 보통 사나흘씩 걸렸다. 우기에는 상황이 더욱 안 좋아서 1~2주씩 걸리기도 했다. 마르사비트까지 가는 길은 비포장 도로여서 비가 많이 오면 다닐 수가 없었다. 나는 돈을 많이 들고 다닌 적이 한 번도 없었으므로 트럭을 찾느라 하루 이틀 보내고 나면 항상 돈이 바닥났다. 그 도시에 아는 사람이 아무도 없어서 주로 가게 베란다에서 노숙을 하며 며칠 밤을 보냈다. 바닥은 더러웠고 밤이 되면 굉장히 추워졌다. 이시올로에는 술집이 많아서 술취한 사람들이 나를 밟고 지나가기도 했다. 그곳에서 노숙하는 사람들 대부분은 집 없는 아이들이나 고아들이었다. 밖에서 잘 때마다 나도 그들 가운데 한 명이 된 듯한 느낌이 들었다. 누가 밟고 지나가도 그들로부터 사과를 받은 적이 한 번도 없었다. 오히려 욕만 먹었다. 거의 한잠도 못 자고 지새던 밤이 물러나면 다시 일어나 타고 갈 차편을 찾아다니기 시작했다.

그 도시에는 파출소가 하나 있었는데 차편을 구하는 학생들이 그곳에 모였다. 경찰은 최선을 다해서 도와주었다. 경찰은 학생들이 많지 않으면 트럭 운전수에게 우리를 태워주라고 부탁했다. 그러나 학생 수가 너무 많아지면 파출소에서도 쫓겨났다. 그래서 나는 항상 파출소에 일찍, 새벽 4시 정도에 도착하려고 노력했다. 운이 좋으면 트럭을 만나서 타고 올 수 있었다. 그러나 아무리 운이 좋아도 집까지 가려면 일주일 이상은 길에서 보내야 했다. 카바라크에 다니는 학생들은 대부분 대도시에서 살았기 때문에 학교가 문을 닫고 네댓 시간 후면 집에 도착했다.

절망적인 경우도 있었다. 그러면 어머니와 형들 그리고 친구들과 소들을 생각하곤 했다. 집에 있을 때도 가축들을 돌보려면 굶주림과 더위를 견디고 비를 맞으며 밖에서 보냈는데, 뭘⋯⋯. 소들의 잘생긴 뿔과 멋진 색깔이 허기를 달래주었다.

이시올로를 떠나 마르사비트까지 끝도 없이 달리는 화물 트럭의 짐칸 꼭대기에 앉아 있노라면 나는 가끔 거지가 된 듯한 느낌이 들기도 했다. 그럴 때면 좋은 성적과 긍정적인 업적들을 생각했다. 축구를 잘 하는 것과 나의 장래, 교육을 받은 후 우리 부족을 위해 할 수 있는 일들에 대해 생각하면서 용기를 얻었다.

마을 어른들은 우리에게 역경을 겪어본 남자가 가장 성공할 가능성이 크다고 가르쳤다. 그리고 무엇보다 그렇게 오랜 기간 공부를 한 후에 이제 와서 그만둔다고 생각하는 것 자체가 부끄럽고 당혹스러웠다.

9
Chapter
축구

우리 가축들에게는 돌봐주는 전사가 있지.
우리는 사자들의 땅에서 풀을 먹인다네.
그 사자가 운이 좋았는지도 모르지.

━━━━━

축구는 내 삶을 송두리째 바꿔버렸다.

카바라크에 들어갔을 때 나는 경쟁이 심할 것이라는 사실을 이미 알고 있었다. 선교사 학교에 들어간 순간부터 경쟁의 연속이었다. 케냐에서는 전국의 학생들이 서로 경쟁을 한다. 똑똑하고 열심히 공부하는 학생들에게만 상급 학교에 진학할 기회가 주어지기 때문이다. 고등학교에 갈 때도 경쟁, 대학 진학을 할 때도 경쟁이다. 그 과정에서 많은 학생들이 중도에 탈락한다. 케냐에서는 평생 경쟁 속에서 살아야 한다.

카바라크는 학생들의 학업 성적이 상당히 고른 편이었다. 나는 열심히 공부해서 좋은 성적을 받았지만 다른 많은 학생들도 성적이 좋았다. 나에게 도움이 된 것은 축구였다. 축구를 통해 많은 학생들과 만나게 되었고 친구도 많이 만들었다. 나는 축구를 잘 했을 뿐 아니라 책임감 있는 학생이었기 때문에 3학년 때 교장 선생님이 내게 축구팀의 공동 주장을 맡겼다.

특히 한 번의 경기가 내 인생을 바꾼 계기가 되었다. 앞서 말했듯이 우리 학교는 케냐의 대통령인 다니엘 아랍 모이가 후원하는 학교였다. 학교에서 멀지 않은 곳에 대통령 관저가 있었고 대통령은 가끔 우리를 보러 학교에 왔다. 어느 날 오후, 축구 연습을 하는데 대통령이 지나갔다. 우리는 축구를 멈추고 그를 환영하기 위해 달려갔다. 그때 대통령이 내게 물었다.

"축구팀 주장이 누구지?"

"제가 주장 중 한 명입니다, 각하."

나는 이렇게 나 스스로를 소개했다.

"그래, 다음 주에 교육부 장관네 학교와 축구 시합이 있는데 그 시합에서 반드시 이겨야 해. 나한테는 아주 중요한 시합이거든."

교육부 장관도 자신의 구역에 있는 한 학교를 후원하고 있었다. 그리고 두 학교는 매년 시합을 벌였다.

"알겠습니다, 각하. 노력하겠습니다."

그러자 대통령은 단호한 목소리로 말했다.

"노력하는 게 아니지. 이기는 거야!"

나는 경쟁심이 매우 강했다. 그래서 이렇게 힘주어 대답했다.

"예, 각하. 우리는 이길 겁니다."

"좋아! 자, 무슨 문제는 없나?"

"각하, 저희 유니폼은 색이 바랬고 신발도 다 낡았습니다."

"좋아. 내가 조치를 취하도록 하지."

다음 주에 우리는 새 유니폼과 축구화를 지급받았다.

토요일이 되자 학교는 흥분의 도가니였다. 수많은 사람들이 시합을 보러왔다. 맨 먼저 농구였다. 다음은 필드하키였고, 그 다음이 배구 그리고 마지막이 축구였다. 우리 학교는 필드하키와 배구에서 이겼고 상대 학교는 농구를 이겼다. 하이라이트는 오후 4시에 열릴 축구 경기였다. 학생들과 학부모, 정치인들, 유명 인사들이 대거 참석했다. 대통령은 교육부 장관과 함께 앉아 있었다. 대통령이 우리에게 말했다.

"잘 하게! 이기길 바라네!"

드디어 시합이 시작되었다.

전반전이 끝났을 때 우리는 2대 0으로 지고 있었다. 대통령이 우리에게 내려와서 말했다.

"잠깐, 자네가 주장인가?"

"제가 공동 주장입니다."

나는 다시 내 이름을 소개하며 이렇게 말했다. 나는 대통령이 바쁜 사람이라는 것을 알고 있었기 때문에 한 번 더 내 이름을 말해주었던 거다.

"시합에서 이겨야 해. 그러면 상을 주겠네. 자, 그럼 파이팅!"

"예 각하! 우리가 이길 겁니다."

나는 항상 팀플레이를 하는 편이었다. 그런데 이번에는 대통령으로부터 개인적인 압력을 너무 많이 받았다. 그래서 내가 뭔가 해내야 할 것 같은 느낌이 들었다. 하프타임이 끝나고 후반전이 시작될 때 나는 스트라이커 중 한 명을 설득해서 나와 포지션을 바꾸자고 했다. 나는 항상 미드필더로 뛰었다. 내가 맡은 역할은 공을 앞으로 빼서 스트라이커 중 한 명에게 패스하는 것이었다. 골을 넣는 것은 그들 스트라이커의 몫이 었다. 그러나 그날 나는 스트라이커에게 사정을 했다.

"10분만 내가 스트라이커를 하게 해줘. 10분만!"

사자를 처음 만나자마자 있는 힘을 다해 도망쳤던 게 불과 일년 전이 었다. 지금 상대팀의 골키퍼가 내게는 사자였다. 축구장은 케냐 북부의 평원, 대초원 지대였다. 나는 사자에게 초점을 맞췄다. 이번에도 사자는 내 눈을 똑바로 쳐다보고 있었다. 이번이 기회라는 것을 나는 알고 있었다. 이번에는 돌아서서 도망치지 않을 것이라고 생각했다.

'어떻게 해야 할까? 어떻게 해야 골을 넣을 수 있을까?'

나는 무아지경에 빠졌다. 성인식을 끝낸 전사. 성인이 되기 위한 준비를 하느라 얼마나 많은 시간을 보냈던가. 모든 전사들의 노래가 귓전을 울렸다.

그리고 나는 해냈다! 20분 만에 골을 두 개나 넣었던 거다. 난생 처음 넣은 두 골이었다. 물론 혼자서 골을 넣는 사람은 없다. 내 친구 키무타이의 공이 컸다. 그는 우리 팀의 오른쪽 날개를 맡고 있었으며 팀의 최고 선수였다. 두 골 다 그가 어시스트한 공이었다.

이제 각각 두 골씩을 넣어 동점이 되었다. 경기 시간은 몇 분밖에 남지 않았다. 엄청난 흥분과 긴장이 감돌았다. 홈 경기를 하고 있던 우리는 사기가 충천했고 공격권도 우리에게 있었다. 우리는 이길 것이라는 사실을 알고 있었다. 공이 우리 진영에 있었다. 수비수 한 명이 공을 미드필드 쪽으로 차주었다. 그런데 상대팀 미드필더들이 몰려드는 바람에 공이 차단되었다. 그때 우리 팀 선수가 좁은 틈새를 발견하고는 막 오른쪽으로 달려 들어오던 키무타이 쪽으로 공을 밀어주었다. 나는 그가 얼마나 빠른지 알고 있었다. 오프사이드가 되지 않으려고 조심하면서 나는 달려 내려가 골대 바로 앞에 자리를 잡았다. 키무타이는 수비수 한 명을 젖히더니 두 명, 세 명을 연거푸 더 젖혔다. 그리고 내 쪽으로 공을 센터링할 수 있는 완벽한 지점으로 몰고 갔다. 난 별로 한 일이 없었다. 완벽한 패스였다. 나는 골키퍼 머리에 닿을락 말락하게 공을 밀어넣었고 공은 골키퍼를 통과했다. 골인! 내가 다시 점수를 올렸다.

우리가 3대2로 이겼다. 그리고 세 골을 모두 내가 넣었다. 카바라크는 그날 4경기 중 3경기를 이겼다. 모두들 기뻐 날뛰었다. 학교가 떠나갈 것 같았다! 굉장한 환호였다. 그러나 경기가 끝나자마자 대통령은 우리에게 아무 말도 하지 않고 떠나버렸다.

나는 대통령에 대해 생각할 시간이 별로 없었다. 기숙사에 돌아오니 어머니께서 편찮으시다는 소식이 와 있었다. 어머니는 다른 아주머니들과 마을에서 몇 마일 떨어어지지 않은 곳으로 땔감을 구하러 나가셨다. 그들은 서로 흩어져서 나무를 했다. 어떤 아주머니가 나무를 패려고 도끼를 휘두르는데 도끼 머리(금속으로 된 부분)가 느슨해져서 도끼날이 튕겨나갔다. 어머니는 도끼날이 날아오는 것을 못 본 채 나뭇단을 묶고 있었다. 그런데 도끼가 바로 어머니 머리를 맞혔다. 어머니는 피를 엄청나게 많이 흘리며 쓰러졌다. 어머니가 걸고 있던 구슬 몇 개가 상처 속으로 들어갔을 정도로 깊은 부상이었다. 아주머니들은 어머니를 마을로 데려와서 양의 기름과 전통 약초로 상처를 치료했다. 병원균을 죽이고 상처를 치료했어야 했는데. 어머니의 병세가 위중했다.

그날 저녁 8시쯤 나는 다른 아이들과 텔레비전을 보면서도 걱정이 되었다. 그때 대통령 경호원들이 들어와서 나를 찾았다. 대통령이 나를 만나고 싶어한다는 것이다. 그래서 나는 1마일쯤 떨어진 대통령 관저로 갔다. 그 전에도 한두 번 가본 곳이었다. 대통령은 이런저런 이유로 학생들을 관저로 초대했었다. 잔디밭에서 점심을 먹은 적도 있었다. 하지만 안으로 들어가본 적은 한 번도 없었다.

대통령은 나를 맞은 다음 서재로 데려갔다. 대통령과 나는 축구 시합과 우리 가족들에 관해 이야기를 나눴다. 나는 우리가 어떻게 살아가는지 대통령에게 들려주었다. 가뭄으로 인해 많은 가축을 잃었다는 사실도. 대통령도 처음 듣는 얘기가 아니었다. 그 당시 케냐 전역이 가뭄에 시달리고 있었다. 시간이 지나자 대통령과 함께 앉아 있는 자리가 편안해졌다. 처음에는 굉장히 긴장했었다. 그때까지 내가 만났던 사람들 중에 가장 권력 있는 사람은 학교 교장 선생님과 우리 마을의 원로들이었다. 그런데 지금은 케냐에서 가장 높은 사람과 함께 앉아 있는 것이다. 대화가 진행되면서 나는 대통령과 이야기하고 있다는 사실을 잊어버렸다.

결국 어머니에 관한 이야기도 나왔다.

"좋아. 내일 아침에 떠날 준비를 하게. 차편을 제공해줄 테니까."

대통령은 교장 선생님에게 말해서 내게 휴가를 주도록 주선했다. 다음날 아침, 군인 두 명과 랜드로버 자동차가 나를 기다리고 있었다. 군인들에게는 이런 명령이 떨어졌다.

"이 학생을 잘 보살펴야 한다. 이 아이가 돌아오지 않으면 모두 너희들 책임인 줄 알라!"

군인들은 집으로 가는 내내 내 옆에 바짝 붙어 있었다. 앞서 말했듯이 북쪽으로 가는 여정은 멀고 험난했다. 그런데 관용 랜드로버 자동차에 탄 채 두 명의 경호원까지 데리고 집에 가다니! 어이없게도, 그렇게 집으로 들어서는 모습을 본 우리 식구들은 내가 체포된 줄 알았다고 했다. 나는 어머니와 며칠을 함께 지냈다. 어머니는 병세가 호전되고 있었다. 휴가 기간이 지나자 군인들은 다시 나를 학교까지 데려다주었다.

모이 대통령과 나의 관계는 그렇게 시작되었다. 그리고 대통령과의 관계는 이후로도 계속 이어졌다. 그는 사람들의 이야기를 경청할 줄 아는 사람이었고 흘려버리는 말이 하나도 없었다. 북부 지방에 가뭄이 들어 우리 가족이 가축을 많이 잃었다고 말했던 적이 있다. 그리고 내 학비를 대기 위해 가축을 팔아왔다는 것, 가뭄과 학비 때문에 이제 남은 가축이 많지 않다는 얘기도 했었다. 가족들이 희생해줄 것이라는 사실은 알지만 나 때문에 소를 더 이상 팔게 할 수는 없는 노릇이었다. 그래서 나는 자퇴를 하려고 했다. 그때 대통령이 발벗고 나섰다. 그는 나의 후원자가 되었고 카바라크에서 내야 할 나머지 학비를 모두 지불해주었다. 그것은 모두 축구 경기 덕분이었다.

10 Chapter
미국

해가 서쪽에서 떴다.
우리는 아무 소리도 듣지 못했고
어떤 사자도 겁내지 않는다.

───

  초등학교에 다니던 어린 시절부터 나는 언젠가 미국에 가겠다는 생각을 품고 있었다. 학교를 운영하던 선교사들 중 한 명인 에스더 앤더슨 선생님은 캘리포니아 출신이었다. 그녀는 나에게 말하곤 했다.

  "조지프, 넌 언젠가 미국에 있는 학교에 다니게 될 거야. 캘리포니아에 가게 될 거라구."

  그 선생님이 내게 그런 말을 한 것이 한두 번이 아니었다. 선생님의 이야기를 들은 후 나는 집으로 돌아가 어머니에게 나도 언젠가는 미국에 갈 거라고 말했다.

"미국? 미국이 뭔데?"

어머니는 미국에 대해서 아는 것이 전혀 없었다. 물론 나 역시 아무것도 몰랐다. 아무것도. 그 당시 나는 나무 위나 하이에나 동굴에서 놀던 어린 유목민의 자식이었을 뿐이다.

그렇지만 나는 계속 어머니에게 말하곤 했다.

"나는 미국으로 갈 거예요."

나는 일단 뭔가 입 밖으로 내뱉으면 포기하지 않았다. 나는 자라는 동안 그리고 고등학교에 들어가서도 줄곧 미국에 가서 공부를 마치겠다는 야망을 가지고 있었다.

때가 되자 나는 미국 대학에서 공부하기 위해 지원을 했다. SAT(Scholastic Aptitute Test, 미국의 대학 입학 자격시험)를 보고 영어 시험도 치렀다. 내가 지원했던 대학에서 모두 나를 받겠다고 했지만 장학금이나 다른 재정적 지원을 해주는 곳은 아무 데도 없었다. 나는 돈이 없었다. 그 당시 내 생각으로는 케냐에 있는 소를 다 팔아도 미국 유학을 보내줄 수는 없을 것 같았다. 그렇다면 계획을 바꿀 수밖에. 나는 그냥 케냐에 있는 대학에 가기로 결정했다. 그리고 국가고시를 보고 결과를 기다리는 동안 모이 대통령을 찾아갔다.

"시험 결과가 나오면 나이로비에 있는 대학에 가게 될 거예요. 그런데 그 전에 해야 할 일이 있습니다. 우리 마을에서 멀지 않은 마르사비트에 은행이 하나 있는데 그 은행에서 일하고 싶습니다."

은행에서 일하는 것은 엄청난 특권이었다. 은행원들은 똑똑한 사람들이라고 생각했고 돈도 많이 벌었다. 내가 은행에서 일자리를 얻었다고 하면 우리 식구들이 좋아할 게 분명했다. 내 부탁을 받은 대통령은 은행장에게 전화를 걸어서 나를 소개했다. 그리고 다음날 나는 은행장을 만나기 위해 나쿠루에서 나이로비로 내려갔다. 몇 가지 양식을 작성한 후 제출하자 금방 일자리가 주어졌다. 나는 은행에서 내준 자동차로 나이로비에서 고향인 마르사비트까지 갔다. 대통령께서 용돈을 좀 주셔서 새 옷 한 벌과 구두도 샀다.

어느 날 은행에서 일하고 있는데 한 미국인이 가족들과 학생들을 단체로 데리고 들어왔다. 학생들은 전부 세인트 로렌스 대학이라는 글씨가 새겨진 티셔츠를 입고 있었다. 몸집이 크고 턱수염을 기른 미국인이 내게 물었다.

"우리 학생들이 미국 여행자 수표를 바꾸려고 하는데 해줄 수 있습니까?"

나는 여권과 수표를 달라고 한 뒤 몇 가지 양식을 주었다. 그가 양식을 작성하는 동안 우리는 이야기를 나눴다.

나중에 알게 된 사실이지만 나이로비에서 알게 된 데니스 도일이라는 사람이 세인트 로렌스 대학에서 온 그를 내게 보냈던 것이다. 그 사람 이름은 폴 로빈슨이었다. 학생들을 데리고 케냐에서 현장 실습을 하는 그에게 데니스 도일이 나를 찾아가보라고 했다는 거였다. 그는 미국에서 공부하는 아프리카 학생들에게 장학금을 제공하는 프로그램의 일환으로 케냐에 왔다. 그가 데리고 왔던 학생들은 그 프로그램에 속한 학생들이었다.

"미국에 유학가고 싶다는 생각해본 적 있어요?"

그가 나에게 물었다. 나는 토플 시험도 치렀다고 대답했다.

"아주 좋은 성적으로 통과했어요. 여러 대학에서 입학 허가를 받았지만 학비가 없어서……."

"혹시 세인트 로렌스 대학이라고 들어봤어요?"

"예, 티셔츠에서 봤어요."

나는 아는 체를 했다.

우리는 계속 대화를 나눴다. 서류 작성이 끝나자 그는 "일주일쯤 후에 전화를 하겠습니다."라고 말하고는 떠났다. 나는 약간 흥분은 되었지만 큰 기대는 하지 않았다. 무슨 일이 벌어지리라고는 전혀 생각지 않았다. 그런데 나흘 후에 그 사람이 전화를 했다. 나이로비로 면접을 보러 올 수 있겠냐는 거였다.

나는 트럭을 타고 거기까지 갔다. 가축 운반용 트럭이었다. 트럭 짐칸에서 소들과 함께 서서 가면서 일을 거들어야 했다. 늘 그런 식이었다. 운전 기사에게 돈을 조금만 주는 대신 소를 보살피는 일을 거드는 것이다.

트럭은 끝없이 달렸고 소들은 계속 넘어졌다. 나는 소들이 일어나도록 부축해주었다. 간혹 일어나지 않으려는 소들도 있었다. 고집이 센 놈들이었다. 소를 일어나게 하는 유일한 방법은 고무를 코와 입에 씌우는 거였다. 숨을 쉴 수 없다는 것을 알게 되면 소는 일어났다. 그렇게 나이로비로 갔다.

그곳에 도착했을 무렵 나는 완전히 녹초가 되었다. 이틀 동안 옷과 신발에 똥오줌을 싸대는 소들과 함께 트럭 속에 서서 330마일을 왔으니 냄새가 얼마나 고약했을지 상상할 수 있을 것이다. 그 상태로 면접을 봤다. 소똥 냄새를 풍기면서. 그리고 나서는 다시 은행으로 돌아와서 기다렸다. 몇 달 후 나는 한 통의 편지를 받았다. 입학이 허락되었다는 내용의 편지였다. 뉴욕 주 캔턴에 있는 세인트 로렌스 대학에 전액 장학금을 받고 가게 되었다.

내가 아는 사람들 중에 선교사들 빼고는 미국에 가본 사람이 아무도 없었다. 나도 미국에 대해서 아는 것이 전혀 없었다. 있는 얘기 없는 얘기가 다 들렸다.

"포크를 제대로 사용할 줄 알아야 된대."

"뉴욕에서는 항상 물건 조심해야 돼. 눈 뻔히 뜨고도 도둑맞는대."

"미국 여자? 행여라도 건드리지 마! 핸드백 속에 총을 넣어가지고 다닌대. 너무 작아서 보이지도 않는 총 말이야. 그러다 잘못 건드리면 바로 쏴버린다잖아."

이런 이야기들을 머릿속에 가득 담은 채 겁먹은 강아지처럼 나는 혼자 나이로비 공항으로 갔다. 어머니와 형들에게 작별 인사를 하러 집에도 다녀왔었다. 어머니는 수없이 질문을 했다.

"넌 겁 안 나니? 집에는 다시 돌아올 거야? 미국은 나이로비하고는 가까우냐?"

어머니는 나이로비에도 가본 적이 없었고 미국에 대해 아는 것이라고는 선교사에 관한 게 전부였다. 어머니는 선교사가 하는 일들을 보았다. 우물을 파고 의료 사업을 지원하는 일 등등. 어머니는 내가 그들처럼 되어서 돌아올 거라고 생각하는 것 같았다. 형들과는 남자들끼리 하는 얘기들만 했다. 가축들과 날씨, 풀 먹이는 것. 그들은 내가 하는 일을 이해하지 못했고 물어보지도 않았다.

마르사비트에서 나이로비까지는 또다시 가축 운반용 트럭을 타고 갔다. 면접 보러 갈 때와 똑같았다. 떠나기 전 이틀 동안은 정말 아무것도 먹을 수 없었다. 너무 긴장해 있었기 때문이다. 비행기 체크인을 할 무렵에는 배가 몹시 고팠다. 나는 와이셔츠에 타이를 매고 조끼까지 딸린 양복을 입었다. 좋은 인상을 주고 싶어서였다. 8월의 뉴욕이 얼마나 더

운지에 대해서는 전혀 아는 바가 없었다.

먼저 런던으로 갔다. 비행기를 탔더니 옆에 미국인 남자가 앉아 있었다. 내가 어디서 왔느냐고 물었다. 그는 "오하이오."라고 대답했다. 영어는 형편없었지만 난 지리는 제법 잘했다. 나는 오하이오가 어디 있는지 알고 있었고 그래서 우리는 쉽게 이야기를 텄다. 비행기를 탄 지 한두 시간쯤 지나자 식사가 나왔다. 나는 미국인들 앞에서 당황하는 모습을 보이지 않으려고 조심했다. 포크 사용법을 몰라서 옆에 앉은 사람을 불쾌하게 만들고 싶지 않았다. 어떤 실수도 절대 하고 싶지 않았다. 접시 바깥쪽에서부터 먹는다든지, 샐러드 같은 것부터 먼저 먹어야 하는데 주식을 먼저 먹는다든지 하는 것 등등. 확실한 방법은 옆에 앉은 사람을 보고 따라 하는 것밖에 없다고 생각했다. 음식이 나오자 나는 신문을 들고 앉아서 옆에 앉은 사람이 하는 것을 흘끔거리며 쳐다보았다. 그 사람이 포크를 집어들었다. 그래서 나도 포크를 집었다. 그는 음식을 약간 밀어놓고 샐러드를 먹었다. 그래서 나도 똑같이 했다.

잠시 후 그 사람은 포크를 내려놓으면서 투덜거렸다.

"에이! 비행기 음식은 정말 싫다니까. 너무 맛이 없어."

물론 나도 똑같이 말했다.

"제 생각도 그래요. 정말 맛이 없네."

하지만 그때 나는 너무 배가 고파서 신발이라도 뜯어먹을 수 있을 것 같았다.

나중에 승무원이 다시 와서 뭐 필요한 게 없느냐고 물었다. 옆자리에 앉은 사람은 "아뇨, 괜찮아요."라고 했다.

"손님은요?"

승무원이 나한테 물었다.

"저도 괜찮습니다."

그렇게 해서 나는 배가 고파 죽을 것 같은 상태로 런던까지 갔다. 내 옆 사람은 아무것도 먹지 않고 물만 마셨다. 나도 아무것도 먹지 않았다. 배는 점점 더 고파졌다. 런던에서 뉴욕까지 가는 비행기로 갈아탔다. 그런데 이게 웬일인가! 그 비행기에서도 같은 사람이 옆 자리에 앉는 게 아닌가! 나는 그 사람이 음식에 손도 대지 않는다는 사실을 알고 있었기 때문에 비행기가 이륙하자마자 담요를 머리까지 뒤집어쓰고 잠을 청했다.

나이로비도 대도시였지만 뉴욕에 비하면 아무것도 아니다. 비행기에서 아래를 내려다보니 거대한 도시가 펼쳐졌다. 케네디 공항에서 시라큐스로 가는 비행기로 갈아타야 했다. 나는 뉴욕에 있는 YMCA에 편지를 써두었다. 그들은 국제 학생들이 여행하는 것을 도와주었다. 공항에 누가 나와 있기로 했는데 나는 비행기 출구까지 사람이 들어올 수 없다는 사실을 몰랐다. 비행기에서 내리면 바로 앞에서 누군가 기다리고 있겠지, 하고 기대했지만 아무도 보이지 않았다. 나는 너무 당황한 나머지 어찌할 바를 몰랐다. 할 수 없이 다른 사람들을 따라 나왔다. 그제야 입국 심사를 통과한 뒤 짐을 찾고 난 다음에 사람들과 만나는 장소가 있다는 사실을 알게 되었다. 드디어 마중 나왔던 사람을 만났다. 젊은 여자였다. 나는 너무 반갑고 마음이 놓여서 그녀를 끌어안았다. 작은 총에 대한 이야기는 다 잊어버리고 그녀를 덥석 끌어안아 버렸던 거다!

그녀는 국제선 터미널에서 국내선 터미널까지 나를 데려다주기로 되어 있었다. 그리고 거기서 시라큐스로 가는 비행기를 타는 거였다. 나는 내 물건을 모두 가지고 왔었다. 티셔츠와 반바지는 너무 낡아서 미국 사람들이라면 내다 버릴 정도인 것들이었다. 모든 것이 옷가방 두 개 속에 다 들어갔다. 나는 여전히 정장 양복 차림이었다. 덥고 긴장한 데다 배가 몹시 고팠다. 나흘 동안 먹은 것이라곤 물밖에 없었다. 낯선 땅에 첫 발을 내디딘 사람으로서는 최악의 상태였다.

우리는 걷기 시작했다. 마침내 안내를 해주던 여자가 입을 열었다.

"사, 소시스 이제 나는 가봐야 해요. 터미널은 멀지 않아요. 여기서 모퉁이를 돌아가서 왼쪽으로 꺾었다가 다시 오른쪽으로 가세요. 바로 거기서 비행기를 타면 돼요."

우리 고향에서 그렇게 말했다면 나는 꽤 먼 거리라고 생각했을 것이다. 마을이 바로 저기 있다고? 그러면 4마일쯤 떨어져 있을 거라고 생각한다. 그리고 길 안내도 아주 간단했다. "언덕을 올라가면 바로 그 밑이 마을이에요." 그곳에는 '왼쪽'이나 '오른쪽' 같은 게 전혀 없었다. "저기 커다란 나무를 지나가세요." 간단하다. 큰 나무는 한 그루밖에 없으니까. 하지만 그 젊은 여자는 이미 나를 도와주었고 더 이상 귀찮게 하고 싶지 않아서 나는 고맙다는 말을 한 뒤 헤어졌다. 두세 번 오른쪽으로 꺾었지만 왼쪽으로 꺾어지는 곳은 나오지 않았다. 몇 분 후 나는 완전히 길을 잃었다. 내가 가야 할 게이트로 찾아갔을 때는 이미 비행기가 떠난 후였다.

그때가 정오쯤이었는데 시라큐스로 가는 다음 비행기는 네 시간 후에나 있었다. 그래서 나는 의자 밑에 옷가방을 밀어넣고 앉아서 탑승 수속을 할 때까지 기다렸다. 여전히 긴장은 늦추지 않았다. 누가 내 쪽으로 가까이 올 때마다 나는 가방을 감추려고 다리를 모았다. 훔쳐갈까봐 겁이 났던 거다. 노인이나 어린애가 와도 그랬다.

나는 학교에 전화해서 비행기를 놓쳤다고 말하고 싶었다. 공항에서 학생 한 명과 만나기로 되어 있었기 때문에 늦을 거라고 알려주어야 했다. 공중전화를 찾아갔지만 돈을 어디에 넣어야 하는지, 장거리 전화는 어떻게 하는지 도대체 알 수 없었다. 송수화기에서는 누군가가 "전화를 거시려면 전화를 끊고 다시 다이얼을 돌려주세요."라는 말만 계속했다.

나는 그 말이 녹음된 것이라는 사실도 몰랐다. 그래서 기계와 말싸움을 시작했다.

"이 번호로 전화를 해야 한다고요. 무슨 말인지 모르겠어요. 좀 도와주시면 안 돼요?"

한동안 실랑이를 하다보니 근처에 있는 흑인 남자가 눈에 띄었다. 케냐에서 이런 얘기를 들었던 기억이 났다.

"흑인을 보면 '형'이라고 불러라."

그래서 나는 그 남자에게 말했다.

"형, 저 좀 도와주시겠어요?"

"아프리카에서 왔어요?"

내 억양이 너무 강해서 그는 금방 알아차렸다.

"예, 아프리카에서 왔어요. 전화 거는 것 좀 도와주세요."

나는 내가 처한 상황을 설명해주었다. 그는 친절하게 세인트 루이스로 전화하는 것을 도와주었다. 나는 학교에다 무슨 일이 있었는지 말했다. 다른 사람들도 나를 도와주었다. 한 경찰관은 내가 화장실 가는 사이에 짐을 봐주었다. 화장실에 가서도 5초 정도 있다가 얼른 나왔다. 경찰관이 짐을 가져갈 수도 있다고 생각했기 때문이다. 드디어 탑승 수속이 시작되었고 나는 시라큐스로 가는 비행기에 올랐다.

시라큐스에 도착하니 여학생 두 명이 마중 나와 있었다. 그들은 차를 가지고 왔다. 시라큐스에서 세인트 로렌스까지는 차로 세 시간 걸렸다. 우리는 출발했다. 더운 날이라 차 안에 에어컨을 계속 켜놓았다. 차 안은 추웠다. 나는 피곤한 데다 배도 몹시 고팠다. 거의 병이 난 것 같았다. 고향에서 가축들과 밖에서 살아남는 법을 배운 나였다. 먹을 것과 물도 없이 하루 종일 버티는 법도 배웠다. 하지만 그런 나도 어쩔 수 없었다. 아무것도 할 수 없었다. 몸에 오한이 들기 시작했다.

한 여학생이 물었다.

"조지프 괜찮아요? 뭐 좀 먹었어요?"

"아뇨."

"배 안 고파요?"

"아뇨."

우리 고향에서는 전사는 여자들에게 절대로 음식을 얻어먹지 않았다. 그것은 전통에 어긋나는 일이었다. 여자가 배고프냐고 물었을 때 그렇다고 대답하면 연약해 보인다. 그것은 용납할 수 없었다. 그래서 나는 이렇게 대답할 수밖에 없었다.

"아뇨, 괜찮아요."

"그럼, 추워요?"

"아뇨, 정말 괜찮아요."

이런 대화가 여러 번 오고갔다. 그들은 "정말 안 먹어도 돼요?"라고 물었고 나는 계속 "괜찮아요."라고 대답했다. 나는 차를 오랫동안 타고 가야 한다는 사실을 알고 있었다. 다음날까지 계속 잘 수 있다면 어떻게 해보겠는데. 그러나 더 이상 견딜 수가 없었다. 전통을 고수한다는 이유도 있었지만 먹는 법을 몰라서 당황하지나 않을까 하는 두려움도 있었다. 이제 나는 그들이 한 번만 더 물어주기만 바라고 있었다. 뉴욕 주에서는 내가 음식을 얻어먹어도 나를 경멸하지 않을 수도 있는 것이다.

드디어 그 기회가 맥도널드에서 찾아왔다. 밤 10시쯤 되었을 때였다.

"조지프 우리 맥도널드에 잠깐 들렀다 가려고 하는데 정말 배 안 고파요?"

"칩스(감자튀김.—역주) 같은 것 있나요?"

나는 미국에서는 칩스를 뭐라고 부르는지 몰랐다. 그런데 그중 한 명이 유럽에 가본 적이 있어서 내 말을 알아들었다.

"프렌치 프라이 말이에요?"

"예! 맞아요. 감자…… 튀긴 거요."

그 여학생들은 아주 신이 난 것 같았다. 그들은 커다란 햄버거와 프렌치 프라이를 사다주었다. 나는 한결 기분이 나아졌다. 나의 미국 입성은 그렇게 시작되었다. 맥도널드로.

11 Chapter

두 세계 속의 전사

그 사자가 내가 가장 아끼는 소를 먹어버렸다.
우유를 가장 많이 내는 소.
산악 지내의 선사들, 풀과 시냇물이 흐르는 산들.
그리고 우리 부족의 삶. 이제 더 이상 사자는 없다네.

태양에 관해서, 태양이 움직이는 것이 아니라고 설명해주면 어머니는 내가 미쳤다고 생각한다.

"어머니, 해는 움직이지 않아요. 지구가 해 주위를 도는 거라고요."

그러면 어머니는 마지 못해 말씀하셨다.

"그래 알았다. 여기다 돌멩이를 놔두고 그게 과연 움직이는지 내일까지 한번 보자."

어머니는 이해하질 못했다. 그래서 해가 어떻게 움직이냐고 내가 물으면 어머니는 이렇게 설명하시곤 했다.

"얘야, 해가 넘어가면 땅 속으로 들어가서 다른 쪽에서 다시 나오는 거란다."

"그러면 별은요?"

"글쎄 별들은……. 으흠. 낮에는 밖에 나가서 소들처럼 풀을 뜯지. 그래서 보이지 않는 거야. 밤이 되면 집에 와서 잠을 자는 거지. 그래서 우리는 밤이 되면 하늘 위에 떠 있는 별을 볼 수 있단다."

어머니가 아는 것은 그게 전부였다. 어머니에게는 자연밖에 없었다. 과학이나 기술을 어머니에게 디밀어도 어머니는 결코 이해하지 못할 것이다. 월식이 있으면 어머니는 우리가 뭔가 잘못했다고 생각하고 기도를 드린다. 집에 가서 어머니의 초막에서 함께 지낼 때, 나는 가끔 어머니가 밤에 일어나서 기도하는 소리를 듣는다.

"우리 아들을 집에 데려다주셔서 감사합니다. 저희를 보살펴주신 것도 모두 감사드립니다. 그러니 달을 되돌려주시옵소서!"

"어머니, 제가 집으로 올 때는 비행기를 타고 오는 거예요."

나는 어머니께 말씀드린다. 어머니는 미국이 어디 있는지 모른다. 아주 먼 곳에 있다는 것밖에는. 어머니는 비행기를 한 번도 타본 적이 없다. 하늘에 떠다니는 것을 본 적은 있지만 그것은 어머니에게 아무런 의미가 없었다. 그런 어머니에게 나는 또다시 설명을 한다.

"어머니, 제가 탄 비행기가 아침 6시 30분에 떠나요. 어머니가 소들을 데리고 나갈 때죠. 그리고 소들이 하루 종일 밖에 있다가 집에 돌아오잖아요. 저는 그때도 계속 공중에 있어요. 어머니가 잘 때도 계속 비행기를 타고 있고요. 그리고 어머니가 다음날 소를 다시 데리고 나갈 때 그때 미국에 도착해요."

"그럼 그동안 내내 하늘에 떠 있는단 말이냐?"

"예."

"그럼 비행기 안에서 밥도 먹고 돌아다니기도 하니?"

"예."

그러면 어머니는 아무래도 믿기지가 않는다는 표정으로 이렇게 말씀하신다.

"얘야, 나는 믿을 수가 없구나. 하지만 너는 믿는다. 네가 하는 말도."

나는 자라면서 어머니와 보낸 시간이 거의 없었다. 여섯 살 때부터 기숙학교에 다녔고 학교에 다니지 않을 때는 대개 형들이나 마을 남자들과 함께 가축 야영장에서 시간을 보냈다. 나는 남자가 살아가는 법, 전통을 익히고 용맹성을 기르며 가축을 지키는 법 등을 배웠다. 하지만 여자들과 어울려본 적은 그리 많지 않았다.

그것이 우리 문화다. 나는 일년에 열흘 정도밖에 어머니를 만나지 못했다. 그래서 이제 어머니와 함께 지내는 시간을 중요하게 여긴다. 나는 방학이 되면 케냐에 있는 집으로 가서 어머니와 2~3주 정도 함께 머

문다. 내가 하는 일에 대해서 얘기해드리고 집에서는 그 동안 무슨 일이 있었는지도 어머니 입을 통해 알게 된다.

집에 갈 때마다 어머니께 드릴 선물을 가지고 간다. 대개 옷감이다. 그렇게 많이는 가져가지 않는다. 앞에서도 말했지만 어머니는 개인적인 소지품이 별로 없다. 무언가를 많이 소유하는 식으로 살아오지 않았기 때문이다. 대학을 졸업한 후 나는 버지니아 주 맥클린에 있는 랭글리 학교의 교사가 되었다. 교사는 돈을 많이 벌지 못한다. 하지만 나는 항상 저축을 했다. 어머니께 좀더 많은 것을 해드리고 싶어서였다. 한 학년이 끝나고 나면 여름방학 동안 학생들과 학부모들을 인솔해서 케냐로 갔다. 그들은 나의 고향과, 그곳에서 내가 어떻게 어린 시절을 보냈는지를 확인하고 또 내가 살았던 초막 같은 것들도 구경한다. 나는 그들에게 이렇게 설명을 했다.

"여기는 우리 어머니가 사시는 곳입니다. 나의 어머니는 이런 곳에서 사세요."

그러고는 내가 어머니께 해드릴 수 있는 게 뭘까 곰곰이 생각했다.

여행이 끝나면 고마움의 표시로 혹은 나를 도와준다는 의미에서 사람들은 내게 돈을 좀 주었다. 그 돈을 받으면 봉투에 넣은 다음 고무 밴드로 단단히 묶어서 내 가방 맨 밑바닥에 넣어두었다. 나는 얼마가 들었는지 확인하지도 않았다. 보고 나면 그 돈을 쓰고 싶을 것 같아서였다.

그것은 어머니에게 뭔가 특별한 선물을 해드리기 위한 돈이었다. 여행이 끝난 후 나는 집으로 갔다. 그리고 르마타리온 형과 친구 몇 명, 아는 군인들과 함께 소를 많이 키우는 에티오피아 국경 근처까지 올라갔다. 여행객들이 준 돈과 내가 모은 돈으로 나는 어머니께 드릴 소를 몇 마리 샀다.

그곳에서 파는 소는 혈통이 좋았다. 그놈들은 우리 소들보다 가뭄에 잘 견디고 젖도 많이 나왔다. 나는 그것이 어머니에게 가장 완벽한 선물일 거라고 생각했다. 어머니뿐 아니라 우리 마을 전체를 위해서도 유익한 선물이었다. 모두들 먹을 수 있는 우유가 더 많이 생기고 또 새로 산 소들을 우리 소들과 교배시켜서 더 나은 종자를 만들 수도 있었다. 그래서 거기까지 가서 소를 샀던 거다. 우리는 차편을 주선해서 집까지 타고 왔다. 어머니에게는 그 일에 대해 한 마디도 하지 않았기 때문에 어머니는 아무것도 모르고 있었다.

일주일쯤 후에 소가 도착했다. 나는 소를 아침 일찍 받을 수 있게 해달라고 당부했었다. 우리 고향에서 아침은 축복의 시간이라고 여긴다. 해가 뜰 무렵 나는 소들을 한 마리씩 크라알로 데리고 들어갔다. 모두 여덟 마리였다. 나는 어머니에게 말씀드렸다.

"어머니께 드릴 선물이에요. 어머니는 제게 너무 많은 것을 해주셨어요. 지금까지 제가 학교에 다닐 수 있도록 어려운 결정을 내리셨고 평생

제 뒷바라지를 해주셨어요. 다른 식구들이 저더러 자퇴하라고 했을 때 어머니께서는 제가 계속 학교에 다녀야 한다고 고집하셨어요. 이 소들은 그 모든 것에 대한 보답이에요. 오셔서 소들을 한번 보세요."

어머니는 어안이 벙벙해서 아무 말도 하지 못하고 그냥 서 계시기만 했다! 그러고는 천천히 다가가 소들을 바라보며 하염없이 쓰다듬었다.

소들을 데리고 나가서 풀을 먹일 시간이 되었다. 새로 산 소들도 다른 소 떼와 함께 나갔다. 그날 저녁 소들이 돌아오자 어머니는 밖에 나와서 그것들을 또 바라보았다. 그리고 그날 밤 몇 번이나 잠에서 깨어나서는 소들이 있는 곳으로 갔다. 어머니는 소들의 이름을 지어주고 있었다. 아침에 어머니는 나를 데리고 나가서 소들의 이름을 말해주었다.

"이놈은 아무개고 저놈은 아무개고."

어머니는 너무 행복해했다. 나는 어머니가 기뻐하실 거라고는 생각하고 있었지만 그렇게까지 기뻐하실 줄은 몰랐다.

이제 우리 마을 아이들은 이렇게 말하고 다닌다.

"나도 레쿠톤처럼 학교에 가서 어머니께 소를 사드릴 거야."

정말 흐뭇한 일이었다.

조지프 레마솔라이 레쿠톤과
아리알 족에 관해서

−허만 우이올라 (역사학자)

조지프 레마솔라이 레쿠톤은 보통 사람이 아니다. 그가 내 친구라는 사실이 자랑스럽다. 조지프는 일년의 반은 워싱턴 DC에 있는 명문 사립학교 랭글리의 사회 과목 교사로 일하고 반년은 케냐 북부에서 마사이 전사로 돌아가 자기 부족의 전통적인 유목민 문화에 따라 살고 있다. 최근 그는 하버드 대학에서 국제 교육정책으로 석사 학위를 받았다. 그는 자신의 능력을 동아프리카 유목민들의 전통적인 삶을 개선시키는 데 쓰고 싶어한다. 그곳 사람들의 자랑스럽고 강인한 생활 방식에 대한 현대 사회의 압박이 점점 더 심해지고 있다.

세인트 로렌스 대학을 졸업하면서 조지프는 몇 년 동안 미국 학교에서 가르치기로 결심했다. 직장을 찾는 데 자신이 없었던 그는 최고의 직장을 기대하며 교사 임용 서비스 기관에 이력서를 냈다. 많은 전화를 받았지만, 가장 먼저 전화를 했던 사람이 베티 브라운이었다. 베티는 당시 버지니아 주 맥클린에 있는 랭글리 학교의 교장이었다. 1947년에 남녀공학으로 설립된 랭글리는 현재 그 지역에서 으뜸가는 사립 교육기관이다. 베티는 조지프의 이력서 내용이 마음에 들었다.

"처음 그의 이력서를 보았을 때 아주 특이한 사람이라는 것을 알 수 있었어요. 그의 문화적 배경이 랭글리 학교의 학생들에게 좋은 영향을 끼칠 수 있을 거라고 생각했죠."

그녀는 또 이렇게 회상한다.

"가족의 생활과 가축을 희생해가면서 그 젊은이를 학교에 보낸 것을 보면 그에 대한 가족의 신뢰가 전적이라는 걸 알 수 있죠. 게다가 장학금을 받을 정도로 우수한 사람이라 가축을 팔 필요가 없었다는 사실은 그의 능력을 잘 말해주고 있었고요. 나는 교사들의 수련회 자리에서 그의 이력서를 돌렸습니다. 한 선생님이 이런 메모를 보내왔더군요. '교장 선생님 제정신이세요?' 나는 '아뇨, 약간 제정신이 아니죠. 하지만 이 사람은 내가 만나고 싶은 젊은이예요.' 라고 대답했습니다."

수련회에서 돌아오자마자 베티는 조지프에게 면접을 보러 랭글리로 올 수 있느냐고 전화를 했다. 그는 베티의 남부 사투리를 듣고 약간 망설였다(그는 미국의 남부는 야망 있는 흑인이 가서는 안 될 곳이라는 경고를 들은 적이 있었다). 그런 그에게 베티는 워싱턴 DC는 아주 흥미롭고 친절한 도시라고 말해주었다. 랭글리가 최고 명문 학교라는 사실도. 그녀는 내려와서 한번 보기만 하라고 그를 설득했다.

"그를 만났을 때 더욱 강한 인상을 받았어요. 그가 두 문화 사이에 끼여 있는 사람이라는 것을 알 수 있었죠. 하지만 나는 그를 지구촌 시민으로 봤습니다. 내가 교육계에 몸담은 이래 면접보는 자리에서 당장 계약하자고 제안했던 교사가 딱 두 명 있었는데 그중 한 명이 조지프였어요. 지금까지 내가 면접을 봤던 교사 지원자들은 아마 천 명이 넘을 거예요. 우리는 정말 그를 원했습니다. 그는 진짜 학자였을 뿐만 아니라 아주 친절하고 훌륭한 인품을 지니고 있었죠. 게다가 조지프는 태도와 가치관이 아주 훌륭했습니다. 어느 학교를 가나 투덜대며 불평만 하는 선생님들이 있습니다. 하지만 조지프를 만나기만 하면 누구나 걸음걸이가 경쾌하게 바뀌죠. 그를 만난 다음에는 거의 날아갈 듯 걸어가니까요. '도대체 그 사람이 뭐라고 했어요?'라고 물으면 '하늘을 보라고 얼마나 날씨가 좋으냐고 하더군요.' 하고 대답해요. 조지프는 주변의 모든 사물에서 아름다움을 발견합니다. 비참하고 불만이 가득한 사람들을 행복하게 만들어요. 나쁜 일들을 잊어버리라고 하는 게 아니라 바라보는 태도를 바꾸게 하는 거죠. 사람들에게 이 세상이 얼마나 멋진지 깨달을 수 있는 말을 해주는 거예요. 그는 모든 사람에게 어떤 역경도 극복할 수 있고 어떤 도전도 맞설 수 있다고 말해줍니다. 조지프 자신도 그렇게 했고요. 그것은 일종의 전염성을 띤 자질이에요. 조지프 옆에서는 아무도 불평을 하지 않아요. 항상 긍정적인 면을 보게 해주니까요. 그리고 학생들도 그를 무척 좋아해요. 우리 아이들과는 너무나 다른 세계에서 왔지만 그들은 금방 그와 가까워집니다. 그의 미소는 상대의 마음을 사로잡는 힘이 있어요. 정말 훌륭한 사람이지요."

● ● ●

조지프를 이해하려면 먼저 케냐 북부 사바나에 살고 있는 아리알 부족 사람들을 이해할 필요가 있다. 그들은 가축, 주로 소들이지만 그밖에도 염소와 양, 낙타와 당나귀에 의존해서 살아간다. 아리알 부족은 마아 어족에 속하는 작은 부족이다. 인구는 약 10만 명 정도 되지만 정확한 인구 통계는 얻기가 어렵다. 조지프의 설명대로 마아 문화에서는 사람의 수를 세는 것이 옳지 않다고 여기기 때문이다.

아리알 부족의 고향 땅은 상당히 건조하다. 대부분이 메마른 평원이거나 준사막인데 저지대와 고지대로 이루어져 있다. 고지대는 저지대에 비해 서늘하고 비가 많이 온다. 저지대의 온도는 화씨 100도(섭씨

37.8도 가량)까지 올라가는 경우가 종종 있고 최적기에도 비가 몇 달씩 내리지 않는다. 농작물을 재배하는 데 필요한 강우량이 부족하기 때문에 아리알 부족 사람들은 엄청난 가축 떼에 의존해서 살아간다. 따라서 계절이나 강우량 그리고 다른 요인들에 따라 이 초지에서 저 초지로 옮겨다녀야 한다.

아리알 부족의 정착지는 대개 몇몇 세대로 이루어진다. 밤에는 아카시아 나무로 만든 '보마'라는 가시 울타리 안에 가축들을 집어넣는다. 각 세대에는 주거지로 들어가는 대문이 있다. 각 세대에는 결혼한 여자들이 자신의 집을 짓고 산다. 나무로 뼈대를 세우고 소똥을 붙여서 세운 집이다. 남편은 부인들의 집에 가서 잔다.

아리알 사회는 연령과 성을 중심으로 움직인다. 남자와 여자는 나이에 입각한 오래된 기존 원칙에 따라 행동한다. 예를 들어 남자들은 할례식 순서로 정해진 세대에 속하게 된다. 할례식은 성년식 역할도 한다. 같은 세대의 남자들이라 해도 태어난 해는 십수 년 이상 차이가 날 수도 있다. 하지만 아리알 사회에서는 그들을 남학생 사교클럽 회원들처럼 동년배로 여긴다. 그리고 그들은 평생 친구가 된다. 가장 최근에 할례를 받은 남자들은 '일무란'이라는 단체를 형성한다. 그 단체는 원래 공동체와 가축 보호 책임을 지는 전사 동지들이다. 전사들은 마을의 다른 사람들과 떨어져서 살고 결혼도 하지 않는다. 또 여자들이 발견했

거나 제공하는 음식을 먹어서는 안 된다. 그리고 여가 시간에는 붉은 황토 가루를 발라 머리를 길게 땋아 멋을 내고 노래하고 춤추는 기술을 연마한다.

각 일무란의 자격은 다음 그룹이 할례를 받을 때까지 계속된다. 대개 14년에서 15년 정도다. 다음 할례식이 거행되면 이전의 일무란은 땋은 머리를 자르고 결혼을 해서 마을 원로회의의 일원이 된다. 원로회의는 그 사회에서 가장 권력이 막강한 그룹이다.

아리알 여자들의 삶은 상대적으로 통제가 적다. 여자 아이들은 대개 10대에 결혼을 하는데 남편보다 적어도 열다섯 살은 어리다. 여자의 특권은 나이가 들고 자녀가 생기면서 늘어난다. 특히 아들이 전사가 될 때가 전성기다. 여자들은 결혼을 하면 남편의 가문에 속한다. 이름이나 가축 같은 재산은 아버지에게서 아들에게로만 넘어간다. 여자들은 아버지로부터 재산을 상속받을 순 없지만 시집올 때 가축을 예물로 가져올 수는 있다. 결혼한 후에는 친정 어머니가 호리병이나 집안일에 필요한 물건들을 딸에게 준다. 그렇게 받은 물건과 자기가 지은 집만이 여자들의 소유다.

일상 생활은 가축을 돌보는 것을 중심으로 돌아간다. 짐승들을 하루도 빠짐없이 목초지로 데리고 가야 하기 때문에 모든 가정은 동트기 전에 일어난다. 어머니들은 화덕에 불을 지피고 죽과 차로 간단한 아침 식사를 준비한다. 그러면 자식들은 정해진 목초지로 짐승들을 데리고 나간다. 하루 일은 땅거미가 질 무렵 소들이 돌아와서 젖을 짜고 난 다음에야 끝이 난다. 저녁에는 모여서 대화를 하거나 이야기를 들려주기도 하고 종종 노래와 춤으로 보낸다. 동트기 전에 일어나야 하기 때문에 아리알의 가정들은 대개 일찍 잠자리에 든다.

자식들은 소 기르는 일의 대부분을 맡고 있다. 대여섯 살 난 남자 아이나 여자 아이들은 송아지나 양, 염소 새끼들을 집 근처에 있는 목초지로 데리고 나간다. 그들은 어려서부터 책임감과 건설적인 사회의 구성원이 되는 법을 배운다.

전사들은 다 자란 짐승들을 책임진다. 종종 그들은 적당한 풀과 물이 있는 곳을 찾아 공동체의 소 떼를 데리고 멀리까지 간다. 건기이거나 심한 가뭄이 들 때는 마을에서 멀리 떨어진 곳에 가축 야영장을 세우기도 한다. 그럴 때는 심부름을 하고 전사들의 무료함을 달래주라고 나이가 찬 여자애와 남자애들도 딸려 보낸다. 어린 전사였던 조지프가 처음으로 사자와 마주선 것이 바로 그런 야영장에서였다.

아리알의 음식은 가축들에게서 얻는다. 우유는 매일 먹는 일상 음식이다. 신선하게 마시기도 하고 며칠 동안 발효시켜서 요구르트나 코티지 치즈로 먹기도 한다. 우유는 호리병의 일종인 칼라바시에 저장한다. 막대기에 불을 붙여 소독한 호리병은 우유에 독특한 풍미를 더해준다.

고기는 그다지 자주 먹지 않는다. 아리알 부족은 아주 많은 소와 염소, 양 떼를 기르지만 음식으로 잡아먹기에는 너무 소중한 것으로 여긴다. 짐승들은 특별한 경우나 정해진 의식 때만 잡는다. 그렇지 않으면 곡식이나 설탕, 차나 옷감 등 다른 필수품들과 교환하거나 팔기도 하고 새끼를 얻기 위해 남겨두기도 한다. 한편 짐승의 피는 중요한 먹을거리다. 그대로 마시기도 하고 우유에 섞어서 마시거나 죽을 만들어 먹기도한다.

케냐의 다른 유목민들과 마찬가지로 아리알 족도 현대 사회의 위협을 받고 있다. 도시와 야생 동물 보존 지역이 그들의 주요 목초지를 차지해버렸다. 도로는 반갑지 않은 방문객들과 변화를 가져왔고 정부는 유목민들에게 가축 기르는 일을 포기하고 도시에 정착할 것을 권장한다. 도시에서는 정부 보조에 의존해서 살아가게 된다.

전통적인 생활 방식을 고수하면서 살아가는 이들 유목민 무리들은 케냐에서는 너무나 적은 소수 인종이어서 그들 자신의 정부로부터도 소외되고 고립되어 있다.

내가 조지프를 만난 것은 1994년, 그가 랭글리 학교의 교직원으로 합류했을 때였다. 내 아내 수잔이 그 학교의 뱃 부시 도서관을 담당하고 있었다. 내 직업은 대부분 스미소니언 박물관에서 역사학자로 일하면서 북미에 사는 부족민들과 함께 연구를 하는 것이었다. 그래서 수잔은 내가 아프리카 부족 출신인 자신의 새로운 동료를 만나면 좋아할 거라고 생각했다.

그녀가 옳았다! 조지프는 굉장한 이야기꾼이었다. 어느 날 저녁 우리 집에서 저녁을 먹으면서 처음 대화를 시작할 때부터 나는 그의 이야기에 매료되었다. 나는 그가 더 많은 사람들에게 이야기를 들려줄 수 있게 도와주고 싶었다. 내 생각을 말하자 조지프는 흔쾌히 그 생각에 동의했다. 단 어른들보다는 어린이들을 위한 이야기를 쓰겠다고 고집했다. 그는 아이들에게 목표를 정해서 최선을 다하면 살아가면서 부딪히는 어떤 장애물도 극복할 수 있다는 사실을 알려주기 위해 자신의 삶을 본보기로 보여주고 싶어했다.

• • •

이 책을 쓰던 어느 해 여름, 아내와 나는 조지프와 함께 케냐로 갔다. 그는 전형적인 관광객용 사파리로 우리와 워싱턴 DC에서 온 다른 두 부부를 안내했다. 여러 면에서 깊은 감명을 준 경험이었다. 하나는 아프리카 사바나 출신의 조지프가 얼마나 멀리에서 왔는가 하는 점이었다. 거리 면에서가 아니라 개인적인 업적 면에서. 동료 아프리카인들은 흑인, 특히 아리알 족이 백인 미국인 관광단을 책임지고 있다는 사실을 믿지 못했다. 정말 그의 부족은 케냐 사회에서도 맨 밑바닥 계층이었다. 마사이 마라에 있는 별 네 개짜리 호텔뿐 아니라 유목민들의 거주지에 있는 다른 관광호텔 종업원들 가운데서 가장 높은 직위, 예를 들어 웨이터나 지배인은 케냐의 주류 종족 출신이었다. 마사이 족은 있다 해도 청소부나 식당에서 새총으로 원숭이들을 쫓는 일을 담당하는 게 고작이었다.

그런 선입견이 너무 뿌리 깊이 박혀 있어서 케냐인이나 관광객들 모두 영어가 능통한 목동을 만나면 놀라워했다. 영어는 케냐의 공식 언어 중 하나지만 오지에는 거의 들어가지 못하고 있다.

조지프는 대학교 시절 어느 여름에 있었던 황당한 사건에 관한 이야기를 즐겨 들려주었다.

"집에 가면 나는 가끔 전통 복장을 입어요. 구슬과 창 그리고 몽둥이도 차구요. 어느 날 형과 사촌 그리고 내가 가축들에게 물을 먹이기 위해 국립공원에 들어간 적이 있었어요. 공원과 공유지 사이의 도로를 건너다가 우리는 아프리카인 운전수와 여덟 명 정도 되는 미국 관광객이 타고 있는 승합차를 한 대 만났지요. 그들은 우리를 보더니 차를 멈췄어요. 그러고는 '잠보 잠보 잠보! 헬로 헬로 헬로!' 라고 큰 소리로 떠들어대더군요. 그 사람들은 우리의 사진을 찍고 싶었던 것 같아요. 하지만 케냐에서는 본인의 허락 없이 원주민의 사진을 찍는 것은 위법이거든요. 그리고 모든 관광객들은 이 법에 대해 알고 있지요. 그럼에도 불구하고 도시 사람 같은 복장을 한 그 운전수가 이렇게 말하더군요. '어서 가서 저 사람들 사진을 찍으세요. 하지만 공원이나 야생 동물들을 찍는 체 해야 합니다.' 그러자 미국인 관광객들이 승합차에서 쏟아져 나오면서 '잠보 잠보 케냐!' 라고 외쳐댔어요. 그래서 내가 '잠보 아메리카' 라고 대꾸를 해줬죠.

물론 그들은 내가 영어를 말하거나 이해할 수 있으리라고는 전혀 생각지 못했어요. 관광객들이 다가와 우리 사진을 찍으면서 망원경으로 우리를 보는 척 했어요. 나는 그들을 좀 혼내줘야겠다는 생각이 들었어요.

한 관광객이 카메라 초점을 맞추고 셔터를 누르려는 순간 내가 나직이 말했어요. '잠깐, 잠깐만 기다려봐요.' 모두들 위를 쳐다보더군요. 너무 놀랐던 거죠. 아니 놀란 것 이상이었죠. 그들은 그게 내가 한 말이었는지 아니면 자기 일행 중 한 명이 한 말인지 몰라 다시 초점을 맞추더군요. 이번에는 거친 목소리로 '이봐요. 내가 한 말을 이해 못 했어요? 잠깐만 기다리라고 했잖아요!' 그제야 운전기사가 사태를 파악하고 뒤로 물러나더니 승합차 쪽으로 달려갔어요. 그리고 차에 올라타 문을 잠가버리더군요.

운전기사가 꽁무니를 빼는 것을 보고 내가 형과 사촌들에게 말했죠. '정말 바보네. 가서 겁 좀 주고 와요.' 그러자 형과 사촌들이 승합차가서 있던 곳으로 가서 씩씩거리며 창문에 얼굴을 들이밀고 노래를 부르면서 창과 몽둥이를 흔들어댔어요. 관광객들은 아연실색을 했죠. '자, 여러분. 당신들은 규칙을 어겼어요. 미국에서는 규칙을 어기면 벌금을 내죠. 케냐에서도 마찬가지예요.'

내가 그렇게 말하자 그들은 당황하여 어쩔 줄을 모르더군요. 그들은 내가 자신들을 그냥 놀려주려고 그런다는 것을 알아채지 못했어요.

'당신 어디 사람이에요?' 그들 중 한 명이 물었어요. 그래서 내가 대답했죠. '내가 어디 사람인가는 중요한 게 아니죠. 문제는 내가 처음에 말했던 거예요. 여기서는 허락 없이 원주민들의 사진을 찍으면 안 된다는 말입니다. 그러니까 내게 어디 출신이냐 따위는 묻지 마세요.'

그 말이 효과가 있었어요. 관광객들이 내게 사정을 하기 시작하더군요. 싹싹 비는 거예요. 완전히 겁을 먹은 거죠. 그 미국인들은 내게 50번은 더 물었을 거예요. '고향이 어디예요? 영어를 어디서 배웠어요?'

농담이 좀 지나쳤던 것 같아요. 나는 웃음이 나와서 견딜 수가 없었죠. 그때 우리 어머니 연세쯤 되어 보이는 친절하게 생긴 한 아주머니가 나더러 어디서 학교를 다녔냐고 묻더군요. 저는 사실대로 대답했어요. '미국에서 학교 다니고 있어요. 뉴욕 주 북부에서요.' 내 말이 끝나자마자 관광객 중 한 명이 '버팔로라구? 버팔로! 나도 버팔로 출신이에요!' 라고 소리쳤어요.

그제야 나도 웃음을 지었어요. '여러분도 아시다시피 이 나라의 법을 준수해야 합니다. 여러분은 허락도 없이 저희 가족의 사진을 찍고 있었어요. 사진을 찍고 싶으면 찍어도 좋습니다. 하지만 다음부터는 제발 사전에 양해를 구하고 찍으세요.'

그 무렵 승합차 운전기사는 겁에 질려서 아예 의자 밑에 숨어 있었고 나는 사촌과 형을 다시 불러서 사람들과 함께 포즈를 취해주었어요.

제 목적은 강한 인상을 남기려는 거였어요. 그 관광객들이 집으로 돌아가면 사진을 보겠죠. 그리고 그때마다 무식하고 원시적으로 보이는 사람이라도 그 점을 이용하려고 해서는 안 된다는 사실을 떠올리게 되겠죠."

● ● ●

세인트 로렌스 대학교와 랭글리 학교에 다니는 동안 조지프는 방학 때면 매번 케냐로 갔다. 매년 여름 학생들을 단체로 케냐에 데리고 가서 자기 부족들에게 소개시켰다. 그 여행은 두 가지 목적이 있었다. 미국인들에게 아프리카에 대한 교육을 시키는 것과 그에 대한 감사의 표시로 아리알 족을 지원하는 교육 자원과 다른 자료들을 제공해달라고 권유하는 것이었다.

조지프와 랭글리 학교의 학부모들 덕분에 그의 어머니가 사는 마을과 인근 마을들이 이제 깨끗한 수돗물과 현대식 학교, 기숙사, 컴퓨터를 비롯한 다양한 혜택을 누리고 있다.

조지프의 말처럼 '흐뭇한 일이었다.'

마사이 전사 레마솔라이

첫판 1쇄 펴낸날 2004년 5월 13일
개정판 1쇄 펴낸날 2009년 12월 1일

지은이 | 조지프 레마솔라이 레쿠톤
옮긴이 | 이혜경
펴낸이 | 지평님
기획 · 마케팅 | 김재균
기획 · 편집 | 김정희
본문 조판 | 성인기획 (02)360-4567
필름 출력 | 하람커뮤니케이션 (02)322-5459
종이 공급 | 화인페이퍼 (031)955-0135
인쇄 · 제본 | 한영문화사 (031)903-1101

펴낸곳 | 황소자리 출판사
출판등록 | 2003년 7월 4일 제2003-123호
주소 | 서울시 종로구 누상동 10 웰빙하우스 101호 (110-041)
대표전화 | (02)720-7542 팩시밀리 (02)723-5467
E-mail: candide1968@hanmail.net

ISBN 978-89-91508-63-7 03040